文芸社セレクション

戊辰戦争をめぐる

柳 敏之

YANAGI Toshiyuki

文芸社

はじめに

慶応三年十二月九日　京
「前将軍徳川慶喜を会議に加えられたい」
「慶喜は、政権を返上したものの忠誠から出たものか、怪しいものである」
「政権返上の功績は偉大である」
「ならば、官位も辞し、領地も返還すべきではないか」

慶応三年十二月二十五日　江戸
「市中を騒がす浪士を引き渡してもらいたい」
「そのような者は、当藩邸にはいない」
「引き渡しなくば、手切れである」
「いたしかたあるまい」

徳川幕府は、慶応三年十月十四日（一八六七・十一・九）に徳川慶喜が大政奉還を天皇に奏上し、翌日にそれが認められたことによって終わりました。しかし、その後の新政府内に徳川家が居続ければ、事実上は新政府内で実権を握ることができると思われました。これでは「倒幕」から程遠いものになってしまいます。

これに慌てた倒幕派は、十二月九日（一八六八・一・三）に御所内の小御所で会議を開いて「王政復古の大号令」を発し、新政府の樹立を宣言しました。この時、慶喜に対して内大臣職の辞任と領地返還が決定しました。これで、名実ともに幕府も終わりかと思うと、元尾張藩主徳川慶勝・前越前藩主松平慶永（春嶽）・前土佐藩主山内豊信（容堂）らの公議政体派による巻き返しがあり、慶喜の官位辞職や領地返還は次第に骨抜きになっていきました。そもそも「倒幕の薩摩藩」と言いながら、薩摩藩自体も一枚岩ではなく、「武力討幕派」と言われるのは西郷隆盛や大久保利通らを中心にした一部の薩摩藩士で、薩摩藩全体が討幕を進めていたわけではないとの考えが現在では有力になっています。

それはともかくとして、またまた慌てた西郷ら武力討幕派は、江戸で騒動を起こさせることを考えました。攘夷のための軍資金集めを掲げて金持ちの商家等に押し入り金品を強奪、さらには暴行・殺人・放火等をする浪士が増えてきていました。西郷は、それらの浪士を操って江戸市中を混乱させることを画策しました。江戸市中の取り締まりを担当していたのは庄内藩で、そのお預かりになっていたのが新徴組でした。庄内藩士や新徴組隊士が、これら不逞浪士を追うと、薩摩藩邸に逃げ込んで行きました。不逞浪士の行動は日に日に過激化し、ついには新徴組や庄内藩士の屯所に鉄砲を撃ち込むまでになりました。

旧幕府側では、もはや黙っておれないと、十二月二十五日に新徴組を含む庄内・岩槻・上山・鯖江・松山（庄内藩の支藩）の藩兵が薩摩藩邸を囲みました。庄内藩では、浪士引き渡しの交渉をしましたが不調に終わり、討ち入りを行いました。浪士を含めた薩摩藩側もよく防戦しましたが、多勢に無勢で、次第に押され、品川沖に停泊する翔鳳丸を目指して落ちて行きました。

江戸湾には、旧幕府艦隊の回天と咸臨丸が停泊していて、翔鳳丸との間で砲撃戦が行われました。かなりの被害があったものの、翔鳳丸は西に逃走し、兵庫沖に着きました。この頃、兵庫港には、旧幕府艦隊主力である開陽・蟠竜・翔鶴・順動・富士山が停泊していて、ここに薩摩の春日・平運丸が入港してきました。旧幕府艦隊と薩摩藩船の間で砲撃戦が行われました。陸で戦いの始まる前日の慶応四年一月二日（一八六八・一・二十六）のことでした。さらに四日には、開陽と春日・翔鳳丸・平運丸の間で、本格的な蒸気船同士の国内初の海戦である阿波沖海戦が起こりました。江戸から来た翔鳳丸は、機関故障を起こしたため、拿捕を恐れて自焼しました。

一方、大坂城では慶喜らの恭順派は戦争回避に苦労していましたが、この江戸薩摩藩邸焼討ちの知らせが伝わると、旧幕府内部では一挙に抗戦ムードになりました。西郷ら武力討幕派は、「してやったり」と喜んだことでしょう。慶喜は「薩摩討つべし」の動きに屈する形で「討薩表」を発しました。そして、これをもって、朝廷への訴えと薩摩藩討伐を目的に一万五千の兵が上洛することになりました。

目次

年月日（旧暦）	西暦（新暦）	出来事
慶応3年		
10月14日	1867.11.9	徳川慶喜、大政奉還を奏上
12月9日	1868.1.3	小御所会議
12月25日	1868.1.19	江戸薩摩藩邸焼き討ち
慶応4年		
1月2日	1868.1.26	旧幕府艦隊と薩摩藩船が兵庫沖で砲撃戦
1月3日	1868.1.27	鳥羽伏見の戦い始まる
1月4日	1868.1.28	阿波沖海戦
1月6日	1868.1.30	徳川慶喜、大坂城を出る
1月9日	1868.2.2	大坂城炎上
1月10日	1868.2.3	新政府、朝敵指名を行う
1月12日	1868.2.5	幕府艦隊、天保山を出港
		徳川慶喜、江戸に戻る
		佐々木只三郎没
1月26日	1868.2.19	佐久間近江守没
1月28日	1868.2.21	桑名城開城
2月9日	1868.3.2	奥羽鎮撫総督府編制開始
2月12日	1868.3.5	本多敏三郎ら茗荷屋で集会
2月15日	1868.3.8	町野源之助、小出島に郡奉行として着任
2月23日	1868.3.16	彰義隊結成
3月1日	1868.3.24	奥羽鎮撫総督府人事最終決定
3月2日	1868.3.25	奥羽鎮撫総督府、京都を出発

年月日（旧暦）	西暦（新暦）	出来事
3月6日	1868.3.29	甲陽鎮撫隊、勝沼で敗れる
3月8日	1868.3.31	古屋佐久左衛門ら歩兵第11・12連隊、簗田で敗れる
3月9日	1868.4.1	酒井忠篤、鶴岡城へ戻る
3月18日	1868.4.10	奥羽鎮撫総督府、寒風沢に到着
3月22日	1868.4.14	古屋佐久左衛門、会津に入る
3月23日	1868.4.15	奥羽鎮撫総督府、仙台に入る
3月24日	1868.4.16	古屋佐久左衛門、隊名を衝鋒隊として越後方面に出発
3月29日	1868.4.21	庄内藩士、寒河江・柴橋代官所の年貢米を搬出
4月2日	1868.4.24	奥羽鎮撫副総督府兵、寒河江・柴橋代官所に到着
		近藤勇、流山に到着
4月6日	1868.4.28	久保田藩、庄内征討を命じられる
4月10日	1868.5.2	会庄同盟、成立
4月11日	1868.5.3	江戸城開城
4月13日	1868.5.5	撒兵隊、請西に到着。林忠崇に協力を求める
4月14日	1868.5.6	奥羽鎮撫副総督府、庄内へ出陣
4月19日	1868.5.11	旧幕軍、宇都宮城を攻略
4月23日	1868.5.15	旧幕軍、宇都宮城を放棄
4月24日	1868.5.16	清川口の戦い
4月25日	1868.5.17	近藤勇、処刑

年月日（旧暦）	西暦（新暦）	出来事
4月28日	1868.5.20	人見勝太郎・伊庭八郎ら林忠崇に協力を求める
閏4月3日	1868.5.24	林忠崇、真武根陣屋から出陣
閏4月4日	1868.5.25	庄内藩兵、天童陣屋を攻略
		仙台・米沢藩士、奥羽列藩会議の回状を出す
閏4月11日	1868.6.1	白石城で奥羽列藩会議
閏4月12日	1868.6.2	遊撃隊・請西兵、真鶴に上陸
閏4月19日	1868.6.9	久保田藩、庄内藩に開戦
閏4月20日	1868.6.10	仙台藩士ら、世良修蔵を殺害
		会津兵・新選組、小峰城を占領
閏4月24日	1868.6.14	三国峠で町野久吉戦死
閏4月25日	1868.6.15	伊地知正治ら小峰城奪還に失敗
閏4月26日	1868.6.16	雪峠の戦い
閏4月27日	1868.6.17	小出島陣屋陥落
閏4月29日	1868.6.19	吉田大八、自訴
		田安亀之助、徳川家を相続
5月1日	1868.6.20	東山道先鋒軍、小峰城を奪還
5月2日	1868.6.21	慈眼寺会談
5月3日	1868.6.22	奥羽列藩同盟成立
		征討軍、榎峠を占領。長岡藩、開戦決定
5月6日	1868.6.25	越後六藩が加わり、奥羽越列藩同盟成立

年月日（旧歴）	西暦（新暦）	出来事
5月10日	1868.6.29	長岡・会津・桑名兵、榎峠を攻略
5月13日	1868.7.2	朝日山の戦い。時山直八戦死
5月15日	1868.7.4	上野戦争
5月18日	1868.7.7	奥羽鎮撫総督府、仙台を出発
		輪王寺宮公現法親王、平潟に上陸
5月19日	1868.7.8	長岡城落城
		箱根関所で戦い
5月24日	1868.7.13	徳川家達、駿府70万石に封ぜられる
5月26日	1868.7.15	山崎の戦い
		列藩同盟軍、第１回小峰城攻撃
5月28日	1868.7.17	遊撃隊・請西兵、館山に戻る
6月2日	1868.7.21	今町の戦い
6月6日	1868.7.25	輪王寺宮、鶴ヶ城入城
6月14日	1868.8.2	列藩同盟軍、長岡奪回のため夜襲を行うが失敗
6月16日	1868.8.4	西軍、平潟に上陸
6月18日	1868.8.6	吉田大八、切腹
6月24日	1868.8.12	棚倉落城
7月1日	1868.8.18	九条・醍醐、沢・大山と秋田城下明徳館で再会
7月4日	1868.8.21	久保田藩士、志茂又左衛門ら仙台藩使者を襲撃・殺害
7月11日	1868.8.28	新庄藩、奥羽鎮撫総督府に内通

年月日（旧歴）	西暦（新暦）	出来事
7月13日	1868.8.30	舟形口の戦い
		三崎山で庄内・久保田兵が戦う
		平城落城
7月14日	1868.8.31	新庄城落城
7月15日	1868.9.1	奥羽越列藩同盟、小峰城奪還を断念
7月16日	1868.9.2	三春藩、列藩同盟から離脱
		楢山佐渡、盛岡へ戻る。盛岡藩、久保田藩討伐を決定
7月24日	1868.9.10	八丁沖へ突入
7月25日	1868.9.11	長岡兵ら、長岡城奪回
		西軍、大夫浜に上陸。石原倉右衛門戦死
7月27日	1868.9.13	三春藩、列藩同盟から離脱
7月29日	1868.9.15	長岡城、再度落城
		二本松城落城
		新潟陥落。色部長門戦死
8月4日	1868.9.19	相馬藩降伏
8月6日	1868.9.21	亀田藩、庄内藩に降伏
8月9日	1868.9.24	盛岡兵、国境を越え、久保田藩攻撃
8月11日	1868.9.26	庄内兵、横手城を落とす
		駒ヶ嶺の戦い
		鳥居三十郎ら村上城から脱出、抗戦を続ける

年月日（旧歴）	西暦（新暦）	出来事
8月12日	1868.9.27	盛岡兵、久保田兵と扇田神明社で戦う
8月16日	1868.10.1	河井継之助没
8月18日	1868.10.3	長浜の戦い
8月21日	1868.10.6	西軍、母成峠占領
8月22日	1868.10.7	大館落城
		猪苗代城自焼。西軍、十六橋突破
8月23日	1868.10.8	飯盛山で白虎隊士自刃。会津城下戦始まる
		庄内兵のゲリラ部隊、花館を夜襲
8月25日	1868.10.10	涙橋の戦い（中野竹子戦死）
8月26日	1868.10.11	榎本艦隊、寒風沢東名浜へ入る
8月27日	1868.10.12	久保田兵ら荷上場（二ツ井）で盛岡兵を破る
8月29日	1868.10.14	長命寺の戦い
9月3日	1868.10.18	榎本武揚、青葉城で列藩軍事会議を開く
9月4日	1868.10.19	米沢藩、降伏を願い出る
9月5日	1868.10.20	秀長寺の戦い
明治元年		
9月8日	1868.10.23	飯寺の戦い。山本帯刀斬首
9月12日	1868.10.27	毛呂太郎太夫戦死
		榎本武揚ら、青葉城で激論

年月日（旧歴）	西暦（新暦）	出来事
9月14日	1868.10.29	鶴ヶ城総攻撃
9月15日	1868.10.30	仙台藩降伏
		刈和野の戦い
9月18日	1868.11.2	伊達慶邦謹慎、輪王寺宮謝罪
9月20日	1868.11.4	寒河江の戦い
9月22日	1868.11.6	会津藩、降伏
9月24日	1868.11.8	盛岡藩降伏
9月25日	1868.11.9	庄内藩降伏
10月12日	1868.11.25	榎本艦隊、折の浜を出港
10月20日	1868.12.3	榎本軍、鷲ノ木に上陸開始
10月22日	1868.12.5	人見勝太郎ら箱館府兵と戦う（峠下の戦い）
10月26日	1868.12.9	榎本軍、五稜郭に入城
10月28日	1868.12.11	土方軍、松前に出陣
11月5日	1868.12.18	松前城落城
11月15日	1868.12.28	開陽丸、座礁
11月19日	1869.1.1	松前兵、降伏
12月15日	1869.1.27	蝦夷地平定の祝賀会。入れ札によって閣僚選出
明治2年		
3月25日	1869.5.6	宮古湾海戦
4月9日	1869.5.20	新政府軍、乙部に上陸
4月13日	1869.5.24	第一次二股口の戦い始まる
4月23日	1869.6.3	第二次二股口の戦い始まる

年月日（旧歴）	西暦（新暦）	出来事
5月11日	1869.6.20	箱館総攻撃、土方歳三戦死
5月13日	1869.6.22	新政府軍、箱館病院を通して降伏勧告
5月15日	1869.6.24	弁天台場、降伏
5月16日	1869.6.25	千代ヶ岡台場、陥落
5月18日	1869.6.27	五稜郭降伏
		萱野権兵衛、切腹
11月13日	1869.12.15	森陳明、切腹

鳥羽伏見の戦い勃発の地

京都府京都市伏見区中島秋ノ山町

鳥羽伏見の戦い勃発の地には、京都市南部の京都市営地下鉄と近鉄が乗り入れる竹田駅から行きます。竹田駅で降りて六番出口に出て、左右に延びる道を左に進みます。四百メートル程進むと、片側二車線程の広い道が右に延びているので、右に折れてこの道を進みます。一キロ程進むと、近衛・鳥羽・白河の天皇陵や城南宮の近くを通って京阪国道との交差点に出ます。ここを左に折れて百メートル程進んだ最初の道が城南宮道で、これを右に進みます。二百メートル程進むと、信号のある交差点があり、信号の脇に、石碑や説明板があります。その先に進むと、鴨川の土手に登って行き、右手には現在ではコンクリート製の立派な小枝橋があります。

小枝橋の南東百メートルの所に、ガードレールに隠れるように石碑が立っています。元は安政六年（一八五九）五月に建てられ、昭和六十三年（一九八八）三月に復元された京都への道を示す道標や「鳥羽伏見戰跡」の石碑があります。そして、説明板には「鳥羽伏見の戦い　勃発の地」とあります。ここから南に延びるのが鳥羽街道です。

慶応三年十二月二十五日（一八六八・一・十九）の庄内藩士らによる江戸薩摩藩邸焼討ちのことが伝わると、大坂の旧幕府、京都の新政府共に戦闘モードに入りました。新政府は旧幕府との戦いが必至とみると、本営を東寺に置き、旧幕軍北上の阻止のために鳥羽方面と伏見方面に布陣しました。伏見方面では新選組等が陣取る伏見奉行所の北にある御香宮神社に薩摩兵が本陣を置き、この地や背後の龍雲寺の高台を中心に砲兵を配置しました。この鳥羽方面では、薩摩兵を中心に小枝橋の左側から城南宮にかけての一帯に歩兵が布陣し、城南宮西参道には四門の四斤山砲と薩摩砲兵を配しました。

慶応四年一月三日（一八六八・一・二十七）午前に旧幕軍先鋒が鳥羽街道を北上して、この地に来ました。見廻組に護衛された大目付滝川播磨守具挙ら旧幕軍は、京都に向かいましたが、この付近に布陣する薩摩軍に行く手を阻まれました。話し合いは夕方まで続きましたが、まとまらず、強引に押し通ることに決定しました。

薩摩軍側では、開戦を予期していて、砲兵・歩兵の配備は万全でした。それに引き換え旧幕軍は、行軍状態のままであって、戦いができる状態ではありませんでした。しかも先頭は勇敢とはいえ刀・槍の見廻組でした。今や遅しと待っていた薩摩軍の砲兵陣地から薩摩藩士野津鎮雄の命令で砲撃が開始されました。その一弾が赤池北詰に置かれていた砲車に命中するなど旧幕軍は最初から混乱しました。滝川の馬が、破裂する砲弾に驚いて、狂奔したとも言われています。旧幕軍は、反撃もしましたが、この日は劣勢のままで終わってしまいました。

江戸では庄内藩士らの薩摩藩邸焼討ちがあり、事実上戦闘状態になっていたはずのこの時期に、旧幕軍の対応は少々理解に苦しみます。開戦必至と、万全の布陣をしている薩摩軍に対して、旧幕軍は行軍の状態で半日以上もいたことになります。薩摩軍側では、旧幕府軍通過の許可のため御所に伝令を走らせていると言って時間を稼ぎ、その間に攻撃の準備をして、いつ開戦になっても良いようにしていました。一方の旧幕軍では、平和裏に京都に入られると思っていたのでしょうか。ほぼ一日何の動きも見せておらず、極端な言い方をすれば路上で一日中休憩していたようなものです。ほぼ一日向かい合っていながら、「奇襲」を受けたというのも変なものですが、そのような格好になり、歩兵は銃に弾丸も装塡していなかったと言われていて、終始狼狽して、開戦一日目が終わりました。

これが、二百六十年の平和な時代で官僚化してしまい現状を守ろうとする武士と、身分制を超えて何かを変えようとする集団との温度差なのでしょうか。このことは、この時に始まる戊辰戦争の中で、時々見られることです。

ここでの戦いが鳥羽伏見の戦いの始まりであり、これから一年半に亘って東日本を中心として行われた戊辰戦争の始まりでした。そして、鳥羽方面での開戦を知った伏見方面でも、戦いが始まりました。

伏見奉行所跡

京都府京都市伏見区西奉行町

近鉄京都線で、竹田駅から三つ目が桃山御陵前駅です。改札口を出ると、目の前には大手筋通と言われる府道三五六号線が左右に延びています。これを左に進みます。駅を出てすぐの最初の細い道を右に入り、百五十メートル程進むと、団地に突き当ります。ここを右に折れて、さらに左に折れて、団地を回り込むと、百メートル弱の左側に団地への入口があります。その入口の左側に、昭和四十三年（一九六八）に建てられた「伏見奉行所跡」の石碑があります。

伏見奉行所には遠国奉行の一人伏見奉行を中心に与力十騎、同心五十人、牢番一人がいました。伏見の町政が職務でしたが、西国大名の監視や宇治・伏見・木津川の船の取り締まりも行っていました。奉行には、一万石以上の大名がなることが多かったようです。慶応二年（一八六六）に坂本龍馬を寺田屋に襲撃したのも、この伏見奉行所の取り方で、その与力・同心も「新遊撃隊」として鳥羽伏見の戦いに参加しました。

元々、この地には津二代藩主・宇和島初代藩主であったが改易となった富田信高の屋敷がありました。三代将軍徳川家光時代の寛永元年（一六二四）に、豊臣家所縁の伏見城を完全に破壊し、この地には伏見奉行所が置かれました。明治になると陸軍の土地になり、工兵第十六大隊が置かれました。奉行所跡の石碑と団地への道を挟んで「伏見工兵第十六大隊跡」の石碑があります。戦争が終わるとアメリカ軍に接収されて、返還後に市営桃陵団地が建てられました。平成元年（一九八九）には、発掘調査も行われ、江戸時代の伏見奉行所の石垣や明治時代の陸軍施設の石垣等が見つかっています。

鳥羽伏見の戦いの前には、近藤勇の率いる新選組が本陣を置いていました。新選組は、徳川慶喜の大坂移動に伴って大坂に下りましたが、再び京都に向かって最前線である伏見に陣を張りました。開戦前日になる慶応四年一月二日（一八六八・一・二十六）までに陸軍奉行竹中丹後守重固に率いられた旧幕軍や会津兵も伏見に来ました。

それに対して、新政府軍も兵力を強化しました。新政府軍は、大手筋通を挟んだ北側にある御香宮神社を本陣としました。大手筋通を進むと、城門のような門があります。江戸前期の建物で、重要文化財になっている御香宮神社の表門です。三間一戸切妻造、本瓦葺きの薬医門で、元は伏見城の大手門だったと言われる門です。重要文化財になっている本殿も桃山時代の建物で、その手前には昭和四十三年に建てられた「明治維新　伏見の戦跡」の石碑があります。当時の総理大臣であった佐藤栄作の書によるものです。

新政府は、大坂の旧幕府との戦いが必至とみると、本営を東寺に置き、そして伏見方面の抑えとして、御香宮神社に薩摩兵が本陣を置き、この地や背後の龍雲寺の高台、そこから南側にかけて砲兵を配置しました。反対の西側にかけて長州兵、さらにその右に土佐兵が配されました。奉行所周辺に布陣する新選組や会津兵を東から北にかけて包囲するように陣取りました。

一月三日夕方に鳥羽方面で戦いが始まると、この伏見方面でも動きがありました。号令がかかると奉行所の北側の門が開かれ、新選組・遊撃隊等が白刃をかざして勢いよく走り出ました。それを見た薩摩兵は銃砲撃を始めました。伏見方面での戦いは、鳥羽方面での戦いと違い、市街戦になりました。そして銃砲隊を中心とする新政府軍と刀槍隊を中心とする旧幕軍の戦いになりました。勿論、会津軍にも林権助率いる大砲隊がありました。新政府軍の銃撃も激しいものでしたが、旧幕軍の斬り込みも激しいもので、新政府軍の銃撃が少しでも途絶えると、旧幕軍の兵士が肉薄したと言われています。しかし、砲撃によって奉行所の建物が炎上すると、その炎が照明になって、激しい銃撃を受けることになりました。土佐の前藩主山内容堂や徳川家の一族であり新政府の議定であった松平春嶽らは、薩摩藩と会津・桑名藩らの私闘であるとしました。伏見に出兵していた土佐兵は、自分の持ち場以外での旧幕軍の進軍には目をつぶるという方針で、その脇を抜けて旧幕軍は北上するということもありました。

戊辰役東軍戦死者埋骨地

京都府京都市伏見区納所下野

　京阪本線の淀駅を五番出入口から出て右に進みます。線路に沿って一キロ程進むと、左側に「史蹟戊辰役東軍西軍激戦之址」の標柱があります。

　ここは千両松と呼ばれた所です。現在、ここには明治三十年（一八九七）に建てられた「戊辰役東軍戰死者埋骨地」の墓碑や昭和四十五年（一九七〇）に建てられた慰霊碑があります。この千両松の「戊辰役東軍戰死者埋骨地」では、昭和四十一年の京都競馬場の大駐車場建設時に幽霊騒ぎがあり、それをきっかけに近くの妙教寺がこの地と愛宕茶屋で供養を続けています。

　鳥羽伏見の戦いは、北は鳥羽地区の城南宮・小枝橋、伏見地区の伏見奉行所跡・御香宮神社から、淀城跡にかけての一帯が戦場になりました。この八幡楳木と愛宕茶屋には明治三十年に建てられた同型の「戊辰役東軍戰死者埋骨地」の墓碑があります。

　この地で法要を営む妙教寺は淀駅から北に六百メートル進んだ所にあり、ここは豊臣秀吉の側室淀殿が住んでいたと言われる淀城跡の地です。境内には榎本武揚揮毫の「戊辰之役東軍戰死者之碑」があります。さらにこの寺は、旧幕軍が撃った砲弾が本堂内陣の柱を貫通したことでも知られていて、現在でも貫通した柱と不発弾が残されているなど、鳥羽伏見の戦い所縁の地として有名です。そして、京都市による「京都市民が残したいと思う建物」の一つになっています。

京都競馬場駐車場近くの府道一三号線には昭和四十七年に建てられた戦跡地の石碑、土手の千本通には愛宕茶屋の「戊辰役東軍戰死者埋骨地」の墓碑、さらに千本通を京都方面に三キロ程戻った所にある瑞華山法傳寺には明治三十年に建てられた「戊辰東軍戦死之碑」があり、旧幕軍使用の小銃・太刀・槍や東軍戦死者名簿などが残されています。その他にも民家前に何気なく「鳥羽伏見の戦跡」の石碑が立っていたりします。唯、その多くが墓碑・石碑のみで説明板がありません。うっかりすると通り過ぎてしまいそうです。詳細もよく分かりませんが、この付近一帯で、二日目・三日目には大小の戦闘が方々であったということでしょう。

戦い初日の慶応四年一月三日（一八六八・一・二十七）は、旧幕軍にとって突然の開戦という状態で、劣勢のままで終わってしまいました。しかし二日目・三日目は、旧幕府側も善戦しました。鳥羽方面の土工兵（築造兵）は「俵陣地」なるものを造りました。旧幕軍の土工兵は優秀で、現地にある物を利用して陣地を築造していきました。ここでは、近くにあった公卿菊亭家の米蔵から持ち出した米俵を積み上げて胸壁を造り、陣地を築造しました。また歩兵奉行並の佐久間近江守信久は歩兵第十一連隊を、歩兵頭窪田備前守鎮章は歩兵第十二連隊を率いて、淀堤の愛宕茶屋という茶店があった辺りに陣を敷いて崩れかけた兵をまとめて勇猛な指揮をとりました。しかし、最前線で馬上から指揮していたため、狙撃されてしまい、その後は旧幕軍の士気が低下してしまいました。

伏見では二日目には本格的な戦闘はなく、中書島辺りで踏み止まっていました。新政府軍は、鳥羽方面に兵力を集中させていて伏見は手薄になっていました。しかし、旧幕府軍の総督大河内正資や現地総大将竹中重固らは積極的な命令を出しませんでした。この時には新政府軍の多くが鳥羽方面に移動していたので、伏見を奪還して北上する絶好の機会だったと言えます。

三日目になると、この辺り「千両松」が戦場になり、付近で激戦になりました。会津兵・桑名兵・新選組の奮戦があって、一進一退を繰り返しました。しかし、銃撃を主とする新政府軍「歩兵」と新選組などの白兵戦を得意とする旧幕軍「侍」では、やはり「間合い」が違っていて、苦戦を強いられてしまいました。近づけないと、「斬り合い」になりません。土方は戦いの後に「もう刀の時代ではない」と言ったと伝わっていますが、実感だったことでしょう。千両松と呼ばれる美しい松並木が続く街道で、この辺りは八幡楳木と呼ばれた場所でした。旧幕軍は奮戦しましたが、有能な指揮官がおらず、一度崩れると収拾がつかなくなり、徐々に後退していきました。

淀城跡

京都府京都市伏見区淀本町

京阪本線の淀駅を五番出入口に出ます。右に一キロ程進むと、千両松の戊辰役東軍戦死者埋骨地があります。駅から反対の左に進むと百五十メートルで昭和四十三年（一九六八）に開園した淀城跡公園があります。

公園の隣、まず目に付くのが式内社の與杼《よど》神社です。古くは淀姫社・水垂社とも呼ばれ、桂川の水上運輸の守護として崇敬されていました。明治三十五年（一九〇二）に淀川改修工事のためにこの地に移されました。拝殿は慶長十二年（一六〇七）の建物で国の重要文化財になっています。

公園内にはもう一社あります。こちらは淀藩主稲葉家の祖正成を祀る稲葉神社です。正成は戦国時代の元亀二年（一五七一）に生まれ、稲葉重通の娘婿となりましたが死別したため、重通の姪福と再婚しました。これが後の春日局です。正成は豊臣秀吉・徳川家康に仕え下野国（栃木県）真岡藩二万石の藩主になりました。孫の正則は明暦三年（一六五七）に幕府の老中になり、正成から五代の正知は享保八年（一七二三）に十万二千石で淀に移りました。

二代将軍徳川秀忠は伏見城廃城に伴い、桂川・宇治川・木津川が合流する水陸の要所である淀の地に築城を決めました。廃城になった伏見城の資材を使い、二条城の天守閣を移築したと言われます。現在は本丸の天守台を始めとする石垣と堀が一部残っています。公園の外からも、立派な天守台の石垣が見られます。昭和六十二年に天守台等の発掘調査が行われ、大小の礎石を含む石蔵が発見され、白亜五層の天守閣の地下室の基礎と考えられました。石垣と堀の他に公園内には「淀城址」と昭和十二年に建てられた「田邊治之助君記念碑」の石碑があります。

薩摩藩と会津・桑名藩の私闘ということで始まった鳥羽伏見の戦いでしたが、新政府軍優勢となると、仁和寺宮嘉彰親王を征討大将軍に任命して、錦旗と節刀を与えました。これによって、薩摩・長州軍は「官軍」になりました。一月五日（一八六八・一・二十九）、錦旗を押し立てて嘉彰親王は、早朝に本陣にしていた東寺を出発して、鳥羽街道を南下して横大路の民家で休憩、戦闘が落ち着いた午後二時頃に淀に進んで、伏見を経由して、夕方に東寺に戻りました。錦旗の巡行は、この程度の行程だったようですが、薩摩・長州軍に与えた影響は大きなものでした。しかし、旧幕軍が見たかどうか疑問です。この行程だと、戦闘中の最前線には行かなかったようですが次第に噂としては伝わって全軍に拡がっていったことでしょう。

そもそも「錦の御旗」は、決まった形があるわけではなく、一目見て分かるというものでもなかったと思います。鳥羽伏見の戦いに登場した旗も、前年秋に岩倉具視に頼まれた大久保利通と品川弥二郎が作ったというもので、人知れずに計画されたものでした。「我は官軍なり」をアピールできれば、それで十分でした。そして、その効果は大きく、「賊軍」となってしまった旧幕軍は浮き足だちました。淀藩は旧幕軍の入城を拒んで中立を守り、藤堂藩は裏切って旧幕軍に砲撃、旧幕軍として奮戦していた大垣藩は離脱等々、前線では混乱が起りました。

一月五日に鳥羽伏見の戦いは三日目になり、鳥羽方面では富ノ森、伏見方面は千両松に布陣していましたが、一進一退を繰り返しつつも、次第に押されて、本営となっていた淀に後退しました。敗走してきた旧幕軍は淀城に籠って態勢の立て直しを計画しましたが、淀藩は藩主稲葉正邦不在を理由に入城を拒否しました。淀藩物頭田辺治之助は兵を率いて大手門の守備をしていましたが、突破して城内に入る旧幕兵があり、藩主が朝敵にならないようにと責任を取って自刃しました。このことから公園内に「田邊治之助君記念碑」があります。藩主の義兄である元尾張藩主徳川慶勝の説得で淀藩は中立を守ることになりました。しかし、当の本人である藩主正邦は、江戸にあってこの決定には関与しておらず、元々江戸薩摩藩邸焼討ちを決定したのは老中である正邦でした。正邦は、幕閣の中心的な人物で、藩主不在を良いことに藩士が独断で決定したわけです。この時、正邦が淀にいたら、状況も変わっていたかもしれません。

大坂城

大阪府大阪市中央区大阪城

大坂城はＪＲ大阪駅から直線距離で三キロ程南東の大阪城公園にあります。ＪＲでは大阪城公園駅が近いですが、森ノ宮駅も近く、地下鉄ならば大阪ビジネスパーク駅・森ノ宮駅・天満橋駅なども近いです。

織田信長と対立した石山本願寺の跡地で、そこに豊臣秀吉が大坂城を築き、さらに徳川家康が改築しました。現在は家康時代の石垣の上に「大坂夏の陣図屏風」を基にして秀吉時代の天守閣が復興天守第一号として建てられ、イベント等も行われて市民の憩いの場になっています。

薩摩藩と会津・桑名藩の「私闘」で始まった鳥羽伏見の戦いでしたが、次第に新政府軍が優勢になると、征討大将軍に仁和寺宮嘉彰親王を任命し、錦旗と節刀を与えました。これによって、「官軍」と「賊軍」の戦いになりました。このことが知れ渡ると、前線では混乱が起りました。その効果は大きく、藩主が老中でもある淀藩では、旧幕軍の入城を拒んで中立を守り、旧幕軍として戦っていた大垣藩は戦線を離脱しました。

鳥羽伏見の戦いも四日目の慶応四年一月六日（一八六八・一・三十）になると、戦場は山城国と摂津国の国境に移っていきました。ここは、桂川・宇治川・木津川が合流して淀川になり、左右から男山と天王山が迫る要害の地でした。秀吉と明智光秀による天下分け目の戦いで有名な場所でもある山崎周辺が戦場になりました。淀から後退した旧幕軍は、この要害の地である橋本に布陣し、新政府軍を迎え討ちました。旧幕軍は奮戦しましたが、予想もしないことが起こりました。藤堂藩が警備する淀川対岸の山崎台場から砲弾が飛んできたのです。旧幕軍にとって、この橋本が最後の防衛ラインであり、見廻組・伝習隊を始めとして旧幕軍は奮戦していました。見廻組を率いて戦っていた佐々木只三郎は、この日の戦いで銃弾を受けて重傷を負いました。旧幕軍は藤堂藩の裏切りによって崩壊してしまい、大坂へと退却して行きました。

錦旗の出現によって混乱したのは前線のみのことではなく、旧幕軍本営である大坂城でも同様でした。総大将である徳川慶喜は、水戸藩の出身ということもあって「勤皇」という気持ちは強く、「賊軍になる」ということには人一倍の恐れがありました。慶喜の人物評は賛否いろいろありますが、この時のことは最低の評価です。抗戦派の将兵には自ら出陣すると言って姿を消し、見張りの交代と言って大坂城を抜け出し、側近には江戸で再起を図ると同行させました。そして開陽丸に乗って東に向かいかけた時になって「恭順」を口にしました。前線の将兵を置き去りにして江戸に戻ってしまった「敵前逃亡」と言われています。同行したのは徹底抗戦派藩士を多く抱える元京都守護職の会津藩主松平容保、元京都所司代の桑名藩主松平定敬、老中の姫路藩主酒井忠惇、同じく老中の備中松山藩主板倉勝静ら少人数でした。慶喜が大坂城からいなくなっただけではなく、抗戦派藩士とすると、自分たちの藩主が人質になって江戸に連れて行かれたとも考えたことでしょう。これにより、残った兵も士気は下がりました。

九日に長州兵が城内に入ると、引き渡しの旗本妻木多宮らがいたのみで、他の将兵は退去していました。その交渉中、突然爆発、火薬庫にも延焼して大爆発が起こって、あっけなく名城大坂城は炎上してしまいました。火事の原因は、旧幕軍抗戦派による爆破、長州兵の砲弾による城内の火薬庫誘爆などが挙げられますが、はっきりとしていません。

十日になると、新政府は「朝敵」の罪状を発表しました。第一等が慶喜、第二等が容保・定敬、第三等が松平定昭（伊予松山）・酒井・板倉で、重罪であって、追討して開城させて城と領地を没収というものでした。幕府の老中などの要職にあった者や慶喜と江戸に向かった者、慶喜と共に新政府に敵対した者でした。第四等が本荘宗武（宮津）、第五等が戸田氏共（大垣）・松平頼聡（高松）でした。第四等は不心得の藩士が発砲したが、速やかに帰国して不心得藩士を謹慎させ、自らは上京して謝罪した者でした。第五等は藩主が在国で、不心得藩士が発砲したが、後に謹慎させ、自らは謝罪したという者でした。この朝敵指名により戦いが続くことになりました。

天保山

大阪府大阪市港区築港

大阪市営地下鉄中央線を大阪港駅で降ります。地下鉄と言っても、この辺りでは高架になっているので、二番出口から地上に降りて、そのまま正面に進みます。左前方には大観覧車のある大型商業施設天保山マーケットプレースや世界最大級の水族館海遊館があります。三百メートル程進むと、天保山の交差点があって、さらに百メートル程進んだ右側に天保山公園の入口があります。天保二年（一八三一）から翌年にかけて大型船が入港しやすいように、当時の淀川の本流であった安治川の土砂をさらう工事が大坂町奉行所の指揮で延べ十万人以上を動員して行われました。その時に出た土砂を積み上げて出来た人工の山が天保山で、入舟の目印になっていたことから「目印山」とも呼ばれて、大坂の名所の一つにもなっていました。昭和三十三年（一九五八）一月一日に二万三千百十九平方メートルの天保山公園が開園しました。

「山」と言っても、遠くから見て目につくような高台はなく、お笑いのメッカ大阪の冗談かと思うと、国土地理院の地形図に「山」とあり、正式な「山」です。ここは、二等三角点がある所として最も低い「山」です。その三角点は天保山渡船の乗り場近くにあります。石畳の一画に、石畳を刳り抜いたようになっているので、気を付けないと見落としてしまいそうです。その後ろの花壇に「日本一低い山　大阪・天保山山頂／4・53m」の看板があります。「日本一低い山」として有名でしたが、平成二十三年（二〇一一）の東日本大震災の影響で地盤沈下したために仙台市内にある日和山が標高三メートルになって日本一低い山になり、現在は二番目に低い山になっています。しかし、二等三角点がある山としては最も低い山です。

この三角点の他に、鳥羽伏見の戦いの少し後の慶応四年（一八六八）三月に明治天皇が軍艦の操練を観たという「明治天皇観艦之所碑」や天保山の経緯が書かれた「天保山跡」の石碑を始め、大阪築港基石、西村捨三翁の顕彰碑と銅像、朝陽岡の碑等があります。

一月六日（一八六八・一・三十）、「朝敵」になった徳川慶喜は、抗戦派兵士に出陣準備を命じて姿を消し、小姓の交代と言って大坂城を抜け出し、江戸で再起を図ると言って側近を同行させました。会津藩では珍しく開明的な神保修理が東帰を進め、それを慶喜が受け入れたとも言われています。慶喜にとっては「渡りに船」だったのかもしれませんが、このことによって、修理は江戸で抗戦派藩士から追及を受けて自刃することになってしまいました。

慶喜東帰の時には、天保山沖合に開陽・富士山・蟠竜・翔鶴・順動の旧幕艦隊が停泊していました。夜十時頃、慶喜と同行を命じられた京都守護職であった松平容保、京都所司代松平定敬、老中酒井忠惇・板倉勝静、大目付戸川忠愛、外国総奉行山口直毅、目付榎本対馬らは大坂城を「脱走」して開陽丸に向かいました。しかし暗くて所在が分からず、その夜はアメリカ軍艦に身を託し、翌日朝に開陽丸に移りました。しかし、その開陽では司令官の矢田堀景蔵や艦長の榎本武揚が大坂城に登城していたために不在で、八日夜に副長澤太郎左衛門を船将代に任じ、江戸に向かって出港しました。

置いてきぼりを喰った艦長の榎本は、十二日に富士山・蟠竜・翔鶴・順動に敗兵・傷兵を乗せて江戸に向かいました。その中には一部の旧幕軍、近藤勇・土方歳三らの新選組全員や会津藩士負傷者がいました。またこの時、榎本は大坂城内金蔵にあった十八万両も積み込んで、江戸に運びました。この内の三万両は欧州留学生の学費や旅費に充てられ、残りは江戸脱走の時に榎本によって持ち出されて箱館戦争の戦費になりました。

慶喜が江戸城に戻ったのは十二日で、まず和宮への謁見を申し入れました。和宮は孝明天皇の妹であり、十四代将軍徳川家茂の御台所でした。静寛院宮となった和宮に朝廷工作を依頼するつもりでしたが、話は進みませんでした。天璋院（十三代将軍徳川家定御台所）の取りなしで謁見が実現し、朝廷工作が動き出しました。その一方、徹底抗戦派の小栗忠順を罷免して、勝海舟を海軍奉行並に抜擢して恭順を図りました。

紀三井寺

和歌山県和歌山市紀三井寺

　ＪＲ和歌山駅から紀勢本線で南下すると二つ目が紀三井寺駅です。西口に出て正面に進みます。二百メートル弱進むと、国体道路に出ます。ここで左に折れて四百メートル程進むと紀三井寺の交差点があるので、ここで左に折れて県道一五四号線に入ります。三叉路があり、紀勢本線の線路があり、門前町の店があり、紀三井寺の交差点から三百メートルで国の重要文化財に指定されている朱色の楼門があります。

　楼門の手前から石段が続きます。ここが紀伊國屋文左衛門の逸話がある「結縁坂」です。石段の途中には清浄水があります。和歌山市指定の文化財になっている名水です。楊柳水・吉祥水の三つの名水があることから「紀三井寺」の名前が付きました。さらに石段を上って行くと山頂で、左に進むと鐘楼・多宝塔・本堂と続きます。鐘楼と多宝塔は楼門と共に国指定重要文化財で、本堂は和歌山県指定重要文化財です。この寺は、観光ガイドにも載る有名な観光地になっていますが、その脇にある墓地には、史跡の匂いがします。

鳥羽伏見の戦いで敗れた旧幕兵の内、近藤勇・土方歳三ら新選組は天保山沖から軍艦に乗って東帰しました。私のような新選組ファンは、「鳥羽伏見の戦いで敗れて、大坂から船で江戸に向かい…」と思ってしまいますが、これは一部のことで、多くは陸路でした。考えてみればすぐに分かることで、天保山沖に停泊していた四隻や五隻の船で大坂城に残った者も含めて旧幕軍全員を運べるわけがないのです。したがって、旧幕兵の多くは大坂からさらに南下して紀州に入り、ここから船で東に向かいました。紀州藩は御三家ということで幕府寄りでしたが、と言っても「賊軍」になる危険性もあり、かなり難しい選択を迫られました。旧幕兵の動きを見て見ないふりをして、新政府に対してはとぼけ続けたということでしょう。

そのため大坂から紀州には旧幕兵のお墓が所々にあるそうです。見廻組の隊長である与頭で坂本龍馬暗殺の指揮をしたのが佐々木只三郎で、この墓は紀三井寺にあります。本堂の右側の山に墓地が拡がっています。入口から入って左手に進み、そこから右に登って行くと、ほとんど一番上にあります。しかし、墓地は広く、案内板も無いので、自力でたどり着くのは大変です。本堂で尋ねるのが無難で、私は略図をいただいたので、迷うことなくたどり着くことが出来ました。墓碑には「徳川家臣　佐々木只三郎源高城墓」とあります。

　只三郎は、会津藩士の家に生まれ、一族である旗本佐々木家の養子になりました。清河八郎の浪士隊募集にも加わっていたので、早いうちから近藤や土方らと関わりを持っていました。元治元年（一八六四）に旗本の二男・三男からなる見廻組を結成して、その与頭になり幕末動乱期に活躍しました。見廻組は、現在では龍馬襲撃の最有力となっています。そして慶応四年（一八六八）には、この鳥羽伏見の戦いを迎えました。一月六日（一八六八・一・三十）の橋本での戦いで、佐々木は混戦の中、腰に銃弾を受けて重傷を負いました。どうにか紀州にまで落ちましたが、この地で没しました。

　もう一基、鳥羽伏見の戦い所縁のお墓があります。只三郎の墓碑は文字もしっかりと見えて分かり易いものでしたが、こちらは苔が生え、一部は表面が剝がれています。場所は分かり易く、本堂から墓地に向かう入口脇にあります。墓碑には「佐久間近江守信久墓」とあります。私が紀三井寺を訪れたのは、只三郎の墓が目的でしたが、この佐久間の墓の発見は予定外の収穫でした。

　佐久間は天保四年（一八三三）に生まれ、フランス軍事顧問団に洋式戦術を学んで、鳥羽伏見の戦いの時には歩兵奉行並になって歩兵第十一連隊を指揮して戦いました。

鳥羽伏見の戦い初日は、旧幕軍にとって突然の開戦となって防戦一方でしたが、二日目の一月四日は佐久間が奮戦するなど互角の戦いになりました。味方が後退しかけると、自ら従者の小銃を撃って戦いました。しかし、その奮戦ぶりを見た薩摩兵に狙撃されて負傷を負いました。そのため後方に送られ、この紀三井寺で一月二十六日（一八六八・二・十九）に没しました。

桑名城跡

三重県桑名市吉之丸

ＪＲと近鉄が乗り入れる桑名駅の東口（ＪＲ側）に出ると、バスやタクシーの乗り場があるロータリーがあります。その先で左に折れると、百メートルも進まないうちに突き当たります。ここで右に折れて県道一八号線を進むと、途中で県道は終わりますが一・二キロ程で九華公園があります。桑名城跡が整備されてできた公園です。

道の左側には桑名初代藩主で徳川四天王でもあった本多忠勝の銅像が、右側に九華公園があります。右に折れて、公園を西側から入って行くと、扇橋を渡って本丸に入って行きます。正面に「三重県指定史跡桑名城跡」の石碑があり、その横には「精忠苦節碑」があります。左に進むと、江戸時代前期の藩主松平定綱や後期の藩主定永の父でもある有名な老中定信らを祀る鎮国守国神社があります。その横に天守台があります。昭和五十三年（一九七八）五月に新しく巨石を入れて整備されたものです。

天守閣は元禄十四年（一七〇一）二月に城下から起こった大火のために焼失してしま

い、それ以後再建されることはありませんでした。現在、天守台の上に戊辰戦争の時の桑名藩士犠牲者を追悼して明治二十年（一八八七）十二月に建立された青銅製剣型の戊辰殉難招魂碑があります。撰と書は藩主松平定敬によるものです。また、天守台と広場を挟んだ反対側には神戸櫓跡と辰巳櫓跡があります。辰巳櫓は、本丸の南東角にあった三重櫓で、天守閣焼失後は天守閣の代わりとして桑名城のシンボル的存在でした。鳥羽伏見の戦いの後に降伏・開城すると、新政府軍は落城を表すために、この櫓を焼き払いました。

慶応四年（一八六八）正月、開戦近しと、援軍が桑名から大坂に向かいました。しかし第一陣が船で移動中に戦いが始まり、慌てて上陸して戦いに参加しました。第二陣は、すでに戦いが始まってしまい、参加できず、敗戦を知り桑名に戻りました。

鳥羽伏見の戦いの結果、桑名藩主の定敬は会津藩主松平容保と共に第二級の朝敵指名を受け、総督橋本実梁、副総督柳原前光、参謀海江田信義・木梨精一郎らの東海道鎮撫使が編制され、桑名に向かいました。それに対して桑名藩内では、東下して定敬と行動を共にしようとする派と、恭順を主張する派がありました。家老の酒井孫八郎が藩祖の前でくじを引き、「東下」と出ましたが、それでもまとまらず、恭順派の説得によって、前藩主松平定猷の実子萬之助（定教）を新藩主として、朝廷に謝罪・恭順が決まりました。そして一月二十八日（一八六八・二・二十一）に無血開城しましたが、この時に降伏の証として辰巳櫓が焼き払われました。

桑名本国は恭順に決まりましたが、桑名兵はいくつかに分かれていました。鳥羽伏見の戦いに参加した藩士は、奈良方面が新政府軍に押さえられていたため紀伊半島に向かい船で知多半島へ。この辺りで桑名開城を知り、桑名に帰ることができないため、陸路で江戸に向かいました。

一方、徳川慶喜らと共に開陽丸で江戸に着いた定敬は、江戸で謹慎していましたが越後柏崎で謹慎することになり、百名程の藩士と飛び地である柏崎に向かいました。この時に乗った船が長岡藩のチャーターしたプロシャ船で、会津藩とも長岡藩とも関係が深い船でした。定敬と同行した藩士は恭順派が多く、その中心が家老の吉村権左衛門でしたが、抗戦派の手によって柏崎で暗殺されてしまいました。定敬の内命を受けていたとも言われています。これがきっかけになって、柏崎の桑名藩士は抗戦派に転じていきました。

定敬と別れて江戸に残った藩士は抗戦派が多く、江戸城開城と共に立見鑑三郎（尚文）らが大鳥圭介らと北に向かいました。その後、大鳥らと別れ柏崎で定敬と合流しました。鑑三郎らと行動を共にせず、江戸に残った抗戦派が森弥一左衛門（陳明）らです。残務整理があったようで、江戸の各地に潜伏し、後に五十名程が彰義隊に参加しました。

桑名藩士は、このように桑名本国が早々と恭順したため、抗戦派はいくつかの集団あるいは個人で各地を転戦することになり、その拠り所に藩主松平定敬がいて、一部は定敬と共に箱館に渡り、抗戦を続けました。

養賢堂跡

宮城県仙台市青葉区本町

　ＪＲ仙台駅の正面の西口を二階から出ると、ペデストリアンデッキが目の前に拡がります。これを通って、正面の「杜の都仙台」の象徴であるケヤキ並木のある青葉通りを進みます。六百メートル程進むと、東二番丁通りと呼ばれる国道二八六線との交差点があります。ここで右に折れて、国道を進みます。八百メートル程進むと右側に勾当台公園があり、その先に宮城県庁・宮城県議会庁舎・宮城県警などがあります。この辺り一帯が仙台藩の藩校である養賢堂の跡地です。県議会庁舎近くの道路脇には、仙台市が建てた「藩校養賢堂跡」の説明板があり、そして県議会庁舎の脇には石碑があります。

　建物は太平洋戦争の空襲で焼失してしまいましたが、それ以前に移築された表門がここから二・五キロ程離れた若林区南鍛冶町の泰心院に残っています。一間一戸の四脚門で、切妻造の桟瓦葺です。伊達家の家紋である「三引両」と「九曜」を配した漆喰塗の棟や細部の装飾等が重厚な外観になっています。昭和六十二年（一九八七）三月に仙台市指定有形文化財になった建物です。

仙台藩の藩校は、五代藩主伊達吉村によって元文元年（一七三六）十月に北三番丁細横丁西南角に建てられ、後に「明倫館養賢堂」と称しました。しかし次第に衰退し、憂慮した七代藩主重村は宝暦十年（一七六〇）十一月に城下の中心である、この北一番丁勾当台通東南角に移して安永元年（一七七二）に「養賢堂」と名付けました。内部の改善や校舎の拡大は続き、三千人を収容できる大講堂や霊廟・剣槍道場・柔術道場などもでき、教授科目も書学・算法・礼方が増え、さらに兵法・剣術・槍術・音楽・露語・造船・操銃・英学と増えていきました。明治維新後は宮城県庁舎として使われましたが、この時に正門は洋風の門にするため、それまでの門は移築されました。

鳥羽伏見の戦いから一ヶ月程たった慶応四年二月九日（一八六八・三・二）に新政府は奥羽鎮撫総督に沢為量、副総督醍醐忠敬、十一日に長州の品川弥二郎を参謀に任じました。いつ頃からか、薩摩の黒田清隆も参謀になりました。しかし、新政府内部にもいろいろ問題があるようで、三月一日（一八六八・三・二十四）に最終決定があり、総督に九条道孝、副総督に沢、参謀に醍醐、下参謀に薩摩の大山格之助と長州の世良修蔵になりました。参謀に名前が挙がっていた品川や黒田は、会津討伐に消極的な穏健派であり、最終的に強硬派の大山や世良が任命されたようです。品川・黒田に比べると、大山・世良ではランクが一段下がったような人事で、そのために総督などを一段上げたのでしょうか。しかし、このことが結果的に奥羽での戦争を長引かせることになってしまいました。

問題は、このような人事面のみではなく、討伐命令にもありました。その一つが仙台藩に対する会津討伐命令でした。命令には、仙台藩が単独で会津討ち入りを願い出たことを許すというものでしたが、仙台藩では誰も「出願」はしておらず、改めて確認すると、あっさりと「出願」の文字は消されました。このような新政府の歯切れの悪さは、この先も続き、このことが奥羽諸藩の新政府不信につながっていきました。

奥羽鎮撫総督府一行は最終決定の翌日には錦旗と共に京都を発し、大坂から船に乗って、十八日に松島湾入口の寒風沢に着き、二十三日に仙台に入り、藩校養賢堂を本陣としました。鎮撫総督府一行の仙台到着で、奥羽の地が戊辰戦争の舞台になったわけですが、率いた兵は四百から五百程度でした。

本当にこれで戦いができると思っていたのでしょうか。「官軍」、「錦旗」の名の下で、奥羽諸藩が一枚岩になって会津討伐に出陣すると本当に考えていたのであれば、楽観的過ぎるように思います。そのことは、すぐに現実になりました。世良の強硬な出兵要請に渋々腰を上げて仙台兵千名が会津領に向かい、さらにその後には藩主伊達慶邦も五千名を率いて出兵しました。しかし、本気で会津兵と戦うつもりはないので、あまり緊張感もありませんでした。そして、その一方で極秘裏に謝罪嘆願の話し合いが仙台・米沢藩士と会津藩士の間で行われていました。

鶴ヶ岡城跡
山形県鶴岡市馬場町

ＪＲ鶴岡駅を出て、正面の駅前通りと呼ばれる県道四八号線を進みます。途中から日吉通り県道三五〇号線に変わりますが、駅からそのまま正面に八百メートル程進むと右側に山王日枝神社があります。その先を右に折れて山王通りを進みます。四百五十メートル程進むと、大泉橋で内川を渡ります。ここで左前方に進むのが銀座通り、右前方に川の脇に沿って進むのが川端通りで、これを五百五十メートル程進みます。川の反対側には社団法人荘内文化財保存会が建てた「鶴ヶ岡城　荒町口木戸跡」、「鶴ヶ岡城　五日町口木戸跡」、「鶴ヶ岡城　三日町口木戸跡」、「鶴ヶ岡城　十日町口木戸跡」の標柱があります。鶴園橋で右に折れて内川を渡ります。この道が県道四七号線になっている旧羽黒街道です。旧羽黒街道を四百メートル程進むと、鶴岡公園になっている鶴ヶ岡城跡があり、お堀沿いに進むと、公園の入口になっている中橋跡があります。

ここから公園に入ると、正面に大宝館があります。この建物は、大正天皇即位を記念して建てられたもので、大正四年（一九一五）十月に完成し、即位の日である十一月十日に開館されました。西洋建築を模倣したもので、バロック風を思わせる窓とルネッサンス風の赤い尖塔屋根の白亜の建物です。内部は郷土の所縁の人々を紹介する資料館で、高山樗牛誕生の間も移築されています。大宝館から左手に進むと鶴岡護国神社があります。旧藩主である酒井忠篤が明治二十八年（一八九五）に建てたものですが、拝殿は十代藩主酒井忠器の御霊廟だった建物です。その横には石原莞爾生誕百年祭実行委員会が建てた「永久平和の先駆　石原莞爾生誕之地」の石碑があります。石原は庄内の生まれですが、この場所ではなかったようです。その奥に進むと荘内神社があります。明治十年に旧藩主を慕う庄内一円の人々の総意として、藩主所縁の地である鶴ヶ岡城本丸跡に建てられたものです。祭神は、徳川四天王と言われた酒井家初代である忠次、二代家次・三代忠勝と大正十三年に合祀された九代忠徳です。この付近に、当時は本丸の建物が多く立っていました。

奥羽鎮撫総督府の追討の対象は、前将軍徳川慶喜の次に「賊軍」の指名を受けた会津藩主松平容保でした。鳥羽伏見の戦いで積極的に戦い、慶喜と共に新政府に敵対した者として第二等の重罪であり、追討して開城させて、城と領地を没収というものでした。しかし、これのみが追討の理由だったかは、疑問があります。新選組などを使い、仲間を殺された報復が強くあったとも思います。文久二年（一八六二）に家老の西郷頼母が幕政に巻き込まれる危険性から、京都守護職就任に反対しましたが、この心配が現実になったと言えます。

これと同じことが庄内藩にも言えます。庄内藩は、その傘下に新徴組を入れて、江戸市中取締の任に当たっていて、そのため鳥羽伏見の戦いのきっかけになった、江戸薩摩藩邸焼討ちでは中心的な立場にいました。「長州が会津を憎むように、薩摩も庄内を憎んでいる」と当時から思われていました。

薩摩藩は、私怨をはらそうとしていると庄内藩を始め奥羽諸藩は考えていました。表向きは追討の対象になっていない庄内藩でしたが、いずれは同じようになると考えていました。庄内藩主酒井忠篤は、徳川慶喜の謹慎を見届けた後に江戸を発し、途中で仙台に寄って、仙台藩主伊達慶邦に会って奥羽の形勢について話し合いました。

その後の慶応四年三月九日（一八六八・四・一）に鶴ヶ岡城に戻りました。この帰国において、藩士と共に新徴組も同行させ、幕府の武器も持ち帰りました。さらに江戸にいる時には、会津藩との間で軍事同盟の話もありました。

後に不幸にして追討を受けると、その追討令に対し久保田藩から質問が出され、それに対する総督府の回答に、庄内藩追討の理由として江戸薩摩藩邸焼討ちのこともありました。勿論その時点では、薩摩藩は「官軍」にはなっておらず、「官軍」の追討理由としては成立しません。「やはり私怨か。ならば、会津処分の重さも長州の私怨か…」などと考えられたでしょう。四月になると庄内藩にとって最悪の事態が起こりました。

柴橋代官所跡

山形県寒河江市柴橋

　山形駅からJR左沢線に乗ると三十分程で西寒河江駅に着きます。駅舎を出ると背後に高架になった道があるので、右側に進んでこの道に向かいます。高架橋の下で左に折れて側道を進んで、この県道二三号線に合流します。一・二キロ程進むと、直進が県道二三号線で大江へ四・三キロ、左折が県道一四三号線で市内中郷へ二キロの道路標識があります。その先の交差点で右に折れると、すぐの右側に柴橋代官であった三宅鑑作の墓がある柴橋寺があります。逆に左に折れて県道一四三号線を進むと、右側の駐車場に寒河江市が建てた高札場跡を示す石碑があり、さらに進むと県道二三号線から二百メートル程の右側に代官所さくら公園があります。名前が示す通り、ここが柴橋代官所跡です。

　公園の角には昭和十四年（一九三九）に山形県が建てた「史蹟柴橋代官所址」の石碑や平成十四年（二〇〇二）に寒河江市と熊野ラインを進める会が建てた説明板があ

ります。また、公園の中には「江戸幕府の直轄地と代官所」の説明板もあります。

宝暦三年（一七五三）に天野市十郎が初代の柴橋代官を命じられ、十年六月に代官小田切新五郎が陣屋を建てました。南に正門を置き、北に居宅、東・西に米蔵がありました。そして通りには七軒の郷宿（公事宿）がありました。

代官の下に手附・手代が置かれて、年貢徴収・戸籍・治安等の行政が行われていました。会田伊右衛門の明和四年（一七六七）頃には、支配高は四十八ケ村七万四千石で、柴橋と寒河江の代官を兼務していました。さらに天保十三年（一八四二）には六十八ケ村になり、現在の寒河江市・河北町・西川町・大江町・中山町・山辺町・山形市に及びました。

この代官所で事件が起こりました。発端は前年十二月の小御所会議に始まります。この時、徳川慶喜に対して内大臣職の辞任と領地返還が決定しましたが、これに納得がいかないために鳥羽伏見の戦いが起こりました。慶喜は二月になって庄内藩に対して、江戸市中取締の功と預かりになっている新徴組の扶持分として寒河江・柴橋の七万四千石を預け地として支配を任せ、陣屋に収納されている年貢米二万三千俵の米を与えました。庄内藩では三月二十九日（一八六八・四・二十一）に兵を送って陣屋を接収し、領内の警護にあたりました。そして、昨年収穫の保管米を川舟で最上川を下って庄内に運びました。

四月二日（一八六八・四・二十四）になって総督府の兵が陣屋に到着しました。それより前に先導役であった天童藩士吉田大八が陣屋にやって来て、陣屋にいる庄内兵の説得を試みました。渋々庄内兵は、陣屋から退去したため、武力衝突は回避されました。

庄内藩は昨年収穫分の年貢米であるから問題なしと考えましたが、新政府は強奪であると考え、新政府に対しての敵対行為と見なしました。庄内藩とするといずれ追討令が出されることは予想していたことですが、その追討の口実を与えてしまったのは大きな失態であり、新政府とすると財政の基盤がいまだに確立していないため戦費にも事欠く状態であるこの時期に、二万三千俵の米を押さえられなかったことは大きな打撃でした。

この事件がきっかけになって、四月六日、久保田藩に対して正式に庄内追討命令が出されました。しかし、ここでもいくつかの疑問点があったため、久保田藩では総督府に質問を出しました。その一つが庄内藩追討の理由でした。質問に対する回答は、徳川家回復を主張していることと、故ない嫌疑をもって諸藩邸内へ砲撃して焼き払ったことでした。徳川家回復が「朝敵」の理由でしたら、多くの藩が該当します。諸藩邸の焼払いというのは、勿論前年十二月に起こった江戸薩摩藩邸焼討ちを言っているわけですが、この時点では薩摩藩は「官軍」になっていません。それにこれは、幕府の命令で複数の藩が参加したもので、庄内藩が独断で行ったものでもありません。はっきり言って「言いがかり」で、私怨としか言えません。庄内討伐が私怨ならば、会津追討の厳しい処分も私怨ではないかと奥羽諸藩は疑いたくなるでしょう。このような考えは気にもかけずに、奥羽では本格的な戦いが始まろうとしていました。

近藤勇流山陣屋跡

千葉県流山市流山

流鉄流山線は、松戸市の馬橋駅から六キロ程の路線で、終点が流山市の流山駅です。流山駅の駅舎を出て正面に進むと、すぐ県道五号線流山街道に出ます。ここを左に折れて百メートル程進むと、流山商工会議所があります。その手前の道を右に折れて進むと、百メートル程先の左側に土蔵があります。

ここには昭和五十一年（一九七六）に建てられた「近藤勇陣屋跡」の石碑がありま す。また説明板や「長岡屋土台石」もあり、さらに隣には酒の秋元の店舗があって、慶応年間（一八六五～六八）のレシピで醸造された「幕末・慶応の酒」や新選組のグッズも売られています。二十何年振りかで訪ねると、町の所々に案内があり、陣屋跡には旗が立ち、迷うことなく着けるようになっていました。新選組の人気には驚かされるばかりです。近藤勇・土方歳三は二～三日いたのみですが、新選組ファンには、まぎれもない聖地です。

流山は水運と醸造業で栄えた町でした。この地も永岡三郎兵衛の造り酒屋で、屋号を鴻池と言いました。しかし、明治維新まもない頃、三郎兵衛は酒の仕込みに失敗したために醸造をやめてしまい、その跡地は酒問屋秋元家の所有になりました。秋元家では平成二十五年（二〇一三）に店舗や邸宅を改築しましたが、現在では「長岡屋」と呼ばれている永岡家の建物の礎石を保存しています。

甲陽鎮撫隊として敗れた近藤らは、五兵衛新田（現在東京都足立区内）で陣容を整えて慶応四年四月二日（一八六八・四・二十四）に丹後の渡しで江戸川を渡って、流山に来ました。その兵力は二百程でしたが、宿場町ではなかったため、大人数を収容する場所がなく、近藤はここに本陣を置き、他は近くの光明寺や流山寺等の数ヶ所に分宿させました。新政府軍の対応も早く、翌三日には羽口の渡しを渡河して流山に来襲し、この陣屋を包囲しました。

小説やドラマで登場する近藤と土方の劇的な別れの場面がありました。以前は抗戦を諦めた近藤が出頭しようとし、それを土方が止めたように描かれることが多かったようです。しかし、今は自刃しようとした近藤を止め、土方が出頭させたというものが多いようです。ここは長年の友人で良き理解者であった近藤と土方の永遠の別れを迎えた場所でした。ここから近藤は連行され、矢河原の渡しで江戸川を渡って流山を後にしました。

一月に鳥羽伏見の戦いで戊辰戦争が始まりましたが、徳川慶喜の東帰で、戦争の舞台は関東に移りました。この時期は、勝海舟と西郷隆盛の会談が成功して、江戸城開城の最終段階に入っていた時でした。二月から三月にかけて、抗戦派の諸隊が江戸から脱走して各地で抗戦していました。江戸城開城のために、抗戦派が江戸にいることに危機感を感じた勝が方々に送り出したと言われています。しかし、勝てないまでも方々で戦闘があると、新政府軍も安心はできないでしょう。江戸城総攻撃は、江戸城にいた静寛院宮（和宮）や天璋院の朝廷工作があり、さらにパークスらの外国の圧力もありで、次第にトーンダウンしていきました。このような状況の中、遠くは会津などの奥羽諸藩があり、近くは伝習隊、古屋佐久左衛門の後の衝鋒隊、近藤・土方の新選組、彰義隊などがいると、新政府軍も思うような交渉ができなかったように思います。勝は、抗戦派を邪魔にして江戸から追い出したのでなく、兵力を分散させて方々から圧力をかけることによって、上手く利用していたように思います。これこそ勝の交渉術ではなかったのかと思います。

陣屋から七百メートル程南に進むと長流寺、その先百五十メートル程に光明寺、さらに百メートル程に流山寺があります。「新選組」という文字は見られませんが、新選組が分宿したと言われている場所です。流山寺から江戸川の土手に出ると、丹後の渡し跡、上流に一・三キロ程進むと矢河原の渡し跡、さらに一・五キロ程で羽口の渡し跡です。この場所には流山観光協会の建てた木柱があります。矢河原の渡し跡から町中に入ると、新政府軍の本陣となった浅間神社や田中藩陣屋跡である流山市立博物館があります。博物館には近藤が上り下りしたかもしれない永岡家の階段が保存されています。

総寧寺

千葉県市川市国府台

　ＪＲ市川駅を北口に出て、正面に進みます。百メートルも進まないうちに国道一四号線千葉街道に出ます。左に五百五十メートル程進むと、市川広小路の交差点があります。ここで右に折れて、県道一号線松戸街道に入ります。途中で国府台公園の横を通るなどして、一・七キロ程進むと、国府台病院前の交差点があって、右側に進むと国府台病院、反対の左に入る道には里見公園まで三百二十メートルの道案内がありま す。

　里見公園は、扇谷上杉氏の家臣太田道灌が築いたと言われる国府台城の跡で、後には北条氏綱と里見義堯らが戦った国府台合戦の舞台になりました。江戸時代になると総寧寺が置かれ、明治以降は陸軍の施設が置かれ、戦後に公園として整備されました。現在は桜の名所になっている一方、国府台城跡として土塁や空堀も残り、里見軍の慰霊碑や夜泣き石があります。

公園の入口の手前を右に折れて進むと、百メートル強で曹洞宗の安国山総寧寺があります。境内に入ると「曹洞宗里見城跡總寧寺」の石碑があります。その先に進むと本堂があり、その本堂の前には市川市指定文化財になっている五輪塔二基があります。右側が関宿藩主小笠原政信の供養塔で台座を含めて総高四・二五メートルもある大きなものです。左側は政信の室で板倉重昌の娘のもので、こちらも三・二四メートルあります。政信は慶長十二年（一六〇七）に本庄藩主小笠原信之の長男として生まれ、古河藩主や関宿藩主になった人です。

総寧寺は、永徳三年（一三八三）に近江国（滋賀県）観音寺城主佐々木氏頼によって近江国に建立され、寛文三年（一六六三）に四代将軍徳川家綱によって国府台に移され、寺領百二十八石五斗余、山林六万七千坪余が与えられました。徳川家康は宗門の統一支配から、総寧寺の住職に全国の曹洞宗寺院の総支配権を与え、一宗の大僧録に任じました。また歴代住職は十万石大名の格式が与えられ、江戸小石川に屋敷も与えられました。

慶応四年四月十一日（一八六八・五・三）、勝海舟によって江戸城が明け渡されましたが、それを良しとしない幕臣らがいました。その一人が歩兵奉行の大鳥圭介でした。

大鳥は天保四年（一八三三）に播磨国（兵庫県）の村医者の家に生まれ、閑谷学校・適塾・江川塾等に学んで、旗本になりました。学者のような感じですが洋式兵法を学び、幕府に伝習隊を造りました。医者の家に生まれ、適塾に学び、洋式軍隊を結成するなど、長州の大村益次郎に似ています。世襲の官僚的な幕臣ではなかった大鳥にとって、このまま幕府がなくなることは我慢ができなかったのでしょう、江戸に戻った徳川慶喜に洋式軍隊による徹底抗戦を進言しました。しかし受け入れられることはなかったため、江戸城開城と共に江戸脱走を計画しました。幕府内には同調する者も多くいて、十一日早朝に報恩寺（墨田区太平）に向かいました。この周辺の寺には多くの旧幕兵がおり、彼らを率いて市川に向かいました。方々からこの総寧寺に集まり、二千数百人の旧幕兵が集結していました。

総寧寺から直線距離で一・三キロ程の所に大林院がありました。弘法寺の塔頭で、南側から弘法寺に向かうと、真間の継橋を過ぎて弘法寺の石段の手前、右に入った辺りにありました。現在は何も残っていませんが、手児奈霊神堂の向かい付近になります。

大鳥が大林院に来た時には、幕臣土方歳三・吉沢勇四郎・天野電四郎、会津藩士秋月登之助、桑名藩士立見鑑三郎・松浦秀八・馬場三九郎らがいて、今後の方針を話し合いました。最終目的地を会津とし、まずは宇都宮に向かうことになりました。

全軍の総督に大鳥が、参謀に土方がなりました。そして全体を三隊に分け、先鋒は会津藩士の秋月を隊長にし、土方が先鋒の参謀を兼務し、伝習第一大隊を中心に桑名藩士・新選組、中軍は大鳥が直接率いて伝習第二大隊を中心に誠忠隊・純義隊、後軍は幕臣米田桂次郎を隊長に歩兵第二連隊などでした。大林院でこれらのことを決めている最中にも、総寧寺には続々と兵が集まってきて、秋月・土方ら先鋒から北に向かいました。

清川口古戦場

山形県東田川郡庄内町清川

ＪＲ陸羽西線を清川駅で降ります。駅舎を出ると、目の前に県道四五号線が走っています。これを右に進むと六百五十メートル程で「清河八郎生家の跡」の標識があります。誕生地は母親の実家である鶴ヶ岡城下が有力です。生家跡の先に清川歴史公園があります。平成二十一年（二〇〇九）に廃校になった清川小学校の跡地を整備して開園したのがこの歴史公園で、川口番所・船見番所が復元されています。ここから左に進むと松尾芭蕉上陸の地があります。逆に右に折れて、そのまま県道を進むと二百メートル強の左側に清河八郎記念館・清河神社があります。

直接戊辰戦争には関係ありませんが、この清川は、新選組・新徴組が結成されるきっかけになった浪士隊を結成した清河八郎の出身地です。倒幕を目論む清河の誕生地が、佐幕派大名である庄内藩領というのも皮肉なものです。しかも戦いが始まると清河の父親齊藤豪寿は、食事の炊き出しを指示するなどして藩に協力しました。

清河記念館からさらに二百メートル程進むと立谷沢川に突き当たります。その手前左側が御殿林です。御殿林は享保年間（一七一六～三六）に風水害に備えるために整備されたもので、参勤交代の時に藩主が宿泊する御殿があったことから名付けられました。現在は散策路もあります。その先、立谷沢川の対岸、最上川との合流点にあるのが腹巻岩です。

三月末から寒河江・柴橋の年貢米を巡って事件が起こりました。この時は天童藩士吉田大八の奮闘もあって、直接的な戦闘は回避されました。しかし、四月六日（一八六八・四・二十八）に総督府は久保田藩に対して庄内藩追討令を出しました。その追討令には、いくつかの不明点があったため久保田藩士から伺書が出されました。久保田藩は会津追討の応援が命じられているが会津へは出兵しなくても良いのか、庄内藩の罪状は何か、庄内藩から謝罪があった場合はどうするのかというものでした。これに対しての回答で、罪状は討幕に非協力的で徳川の「回復」を主張し、さらに「故無キ嫌疑ヲ以テ諸藩邸内へ砲撃致シ焼掃イ」とありました。要するに追討の理由は、寒河江・柴橋の事件ではなく、江戸薩摩藩邸焼討ちということでした。奥羽諸藩は、要するに「私怨」と考えました。

総督府は、会津追討には先鋒を仙台藩とし、応援に米沢藩とその近隣諸藩、庄内追討は先鋒を久保田藩、応援を南部・津軽・天童・山形・上山藩とし、総督府も会津追討に総督九条道孝・参謀醍醐忠敬・下参謀世良修蔵、庄内追討に副総督沢為量・下参謀大山格之助に分かれました。四月十四日、沢や大山と共に吉田が先導で、和田五左衛門を隊長とする薩摩兵、桂太郎（後の総理大臣）を隊長とする長州兵等が庄内に向けて出陣しました。

十七日に山形を経て上山、二十日に天童へ入り、二十三日に新庄に到着しました。そしてその日の夕方には、慌ただしく清川口に向かいました。対する庄内軍は松平甚三郎を隊長とした三百名程の兵が十九日から御殿林付近に布陣していました。副総督府軍は、夜中に最上川を舟で下り、清川の手前で下りて、山道を歩き、夜が明ける頃には腹巻岩の高台を占領していました。

この異変を知ったのは、早朝にわらびを取りに山へ入った農夫でした。対岸の腹巻岩頂上におびただしい数の人影を見たため、駆け戻って番所に通報したと言われています。副総督府軍は高台から銃撃し、庄内軍は奇襲を受ける格好になったため混乱が起き、死傷者を多く出しました。しかし、時間がたつと冷静さを取り戻していきました。さらに、付近の村人に旗や幟を持たせて山に登らせて遠巻きにし、援軍が来たかのように見せました。予想以上に庄内軍は強く、さらに援軍が来たと思った副総督府軍は午後になって退却していきました。

死傷者は庄内軍の方が多かったのですが、奇襲を受けながら清川を守ったことから考えても庄内軍の勝利と言って良いでしょう。そして、初めての戦いから得たものも多く、この後に本格的な軍制改革を進め、強い庄内軍に変わっていきました。

慶応四年四月二十四日（一八六八・五・十六）、奥羽で本格的な戦闘が始まりました。

近藤勇の墓

東京都北区滝野川

　ＪＲ埼京線を板橋駅で降りて東口に出ると、目の前にはロータリーがあって駅前広場になっています。その先の道を渡って左に進むと「新選組隊長　近藤勇墓所」の看板があります。ここが北東八百メートル程離れた寿徳寺の境外墓地です。

　敷地内に入ると正面に近藤勇と土方歳三の墓があります。高さ三・六メートル程の細長い角柱状のもので、旧新選組の永倉新八が発起人になり、旧幕府御典医松本良順の協力で建立されたものです。正面に「近藤勇宜昌　土方歳三義豊　之墓」とありますが、近藤の諱は「昌宜」でなぜか違っています。戦死者と隊規違反の処刑者をはじめ病死・変死・切腹した者を左右面に分けて八段で百十名余の新選組隊士の名前が書かれています。裏面には「近藤明治元年辰四月廿五日　土方明治二年己五月十一日」とあります。

　その大きな墓碑の脇には「慶應四戊辰年四月二十五日　勇生院頭光放運居士　近藤

勇宜昌」と書かれた小さなものがあります。これは、明治二年（一八六九）に地元の人々によって建てられたものです。敷地内には永倉の墓を始め、「近藤勇埋葬当初の墓石」、近藤の石像等もあります。埋葬当初は、墓碑を建てることが許されず、自然石が置かれていたと言われています。

東口から近藤勇墓所の前の滝野川桜通りを百メートル程左に進むと、信号のある交差点に出ます。この左右に延びるのが旧中山道で、左に折れてすぐが平尾一里塚があった場所ですが、現在はそれを示すものは何もありません。この辺りに処刑場が造られたということでしょう。そしてそこが近藤終焉の地ということになりますが、それを示すものもありません。

ここから六百五十メートル程進むと、首都高速と国道一七号線にぶつかります。ここを横切って商店街を進むと、二百メートル程で左側に板橋三丁目縁宿広場がありま す。その手前に右に入る細い道があるので、これを進むと百メートル弱の左側にマンションがあって、その植え込みに板橋区教育委員会が建てた「板橋宿平尾町脇本陣跡」の石碑と説明板があります。ここが近藤幽閉の地です。ここから中山道をさらに六百五十メートル程進むと、「板橋宿本陣跡」の石碑があります。ここに新政府の東山道軍本営が置かれていました。近藤は取り調べを受けて、元新選組隊士で禁裏御陵衛士隊士であった加納道之助・清原清に会わされました。

流山で捕らえられた近藤は改名した大久保大和の名で、江戸周辺の治安維持のための隊であることを説明しました。その間に土方は、勝海舟ら旧幕府の要人に会い近藤救出を計画しました。しかし大久保大和を名乗る人物が近藤勇だと知られると、穏便に終わらせようとする薩摩藩士と、新選組を坂本龍馬・中岡慎太郎襲撃の犯人と信じる谷干城ら土佐藩士の間に処分の対立がありました。結局土佐藩士に薩摩藩士側が押し切られることになり、斬首が決定しました。庄内藩征討の理由同様、流山で「官軍」に抵抗した責任者ではなく、坂本ら「勤皇の志士」襲撃者としての「私怨」のような気がします。「官軍」と戦った甲陽鎮撫隊の責任者としてならば理解できますが。「賊軍」は鳥羽伏見の戦いに始まったわけではないようです。近藤は脇本陣豊田家に幽閉され、四月二十五日（一八六八・五・十七）正午過ぎに平尾一里塚近くの馬捨場に急造された処刑場で斬首されました。享年三十五。

近藤の斬首が行われると、首は京都に運ばれて三条河原でさらし首になりました。胴は刑場に埋められものを、近藤の養子である近藤勇五郎が親類数人で菩提寺の龍源寺（三鷹市）に運んだと言っています。唯、遺体の目印が左肩の銃創としていますが、近藤の銃創は右肩でした。この出典が子母澤寛の『新選組始末記』で、当事者の証言が元にされていますが、「作り話」も多く、近年には見直しもされています。これが本当ならば胴は龍源寺でここは供養塔、作り話ならばここにあることになります。首は、さらし首の時に盗まれて行方不明になり、米沢や岡崎に埋葬されているとも言われ、最近では土方が近藤の死を知って建てたという会津若松の天寧寺が有力視されています。

真武根陣屋跡
千葉県木更津市請西

　ＪＲ木更津駅を東口に出て、ロータリーの左手から正面に伸びる県道二二二号線あけぼの通りを進みます。九百メートル弱進むと、県道二七〇号線に出るので、ここを右に折れます。七百メートル程進むと、広い国道一六号線湾岸道路に合流し、その先は国道を進みます。八百メートル程進むと桜井の交差点があり、ここで左に折れて県道二六九号線を進みます。三百メートル程進むと、県道は右に折れるので、右に折れてそのまま県道を進みます。七百五十メートル程進むと陣屋下のバス停の先に交差点があり、ここを左に折れて進むと、三百五十メートル程で押しボタン式の信号があります。中央霊園への案内があるので、それに従って左に折れると、三百メートル程で右側には木更津中央霊園、左側に真武根陣屋跡があります。

　陣屋跡は道路より一段高い所に石碑等があります。「史蹟眞武根陣屋遺趾入口」の石碑があり、数段の石段を上ると、その奥に昭和四十一年（一九六六）請西藩主の子孫によって建てられた石碑や説明板があります。中央に立つ石碑は「眞武根陣屋遺址」と横書きで書かれ、その上には拝領紋である特異な林家の家紋「丸の内三頭左巴に一文字」があります。この石碑は、最後の藩主林忠崇が出陣した相模国（神奈川県）の根府川で産出される赤みを帯びた根府川石が使われています。この後方が陣屋跡で、昭和四十一年（一九六六）四月に木更津市指定文化財になっています。起伏のある丘陵の南端部に複雑に配置された土塁があるとのことですが、整備がされていないため立ち入ることもできず、確認もできない状態です。

林家は長らく旗本で、十一代将軍徳川家斉の時代の文政八年（一八二五）に忠英が一万石に加増されて貝淵藩が成立し、大名になりました。その子忠旭が嘉永三年（一八五〇）に陣屋をこの地に移したため請西藩となりました。二代藩主忠交は伏見奉行になり、在任中に伏見で死去します。在任中の慶応二年（一八六六）には、坂本龍馬の寺田屋での捕縛を命令した人物です。その跡を継いだのが甥の忠崇でした。その請西藩も明治元年（一八六八）に改易になって短い歴史を閉じました。請西藩としては三代十九年、大名林家も四代四十四年でした。

大名としての林家は短いものですが、旗本としての林家は長く、松平氏・徳川氏の祖と言われる松平親氏の時から仕えていたと言われています。それより前、徳川有親・親氏父子は逃亡中に小笠原光政を頼りました。しかし、光政は隠遁生活中で、大したもてなしも出来ない状態でした。せめて正月の膳のみはと、雪深い山に入り、苦労の末に奇跡的に兎を狩り、正月の膳に兎の吸物を出しました。松平氏を興した親氏は光政を召し抱え、林姓を与えました。松平氏開運として、年始用の兎肉が献上されるようになり、江戸時代になっても将軍が元旦に食べる吸物に入れる兎肉を献上する家柄として続きました。このような家柄だったためか、忠崇は終始佐幕派を貫きました。

四月十三日（一八六八・五・五）、木更津に江戸城開城に反対する福田八郎右衛門・江原鋳三郎らが率いる撒兵隊三千名が来て、忠崇に協力を求めました。福田達は江戸城開城に伴って江戸を脱走して、大鳥圭介ら旧幕軍に合流するつもりでいました。しかし、すでに大鳥達は北に向かって出発した後でした。そこで請西藩に協力を求めてきたものでした。しかし、撒兵隊の風紀は乱れていて、請西の民家に押し入って金や食料を奪い取るなどの行為が頻発していました。このような兵と行動を共にする気にはなれず、忠崇は協力を断りました。

二十八日になると、伊庭八郎・人見勝太郎に率いられた遊撃隊が、やはり協力を求めて訪ねてきました。忠崇は二人を立派な人間と評価しました。伊庭を「義勇の人」、人見を「智勇の人」としています。この二人を見て、協力を決めました。ただ、自分の行動が、謹慎中の徳川慶喜に累を及ぼす危険があるので、陣屋に火を放ち、藩主の立場を捨てる意味で藩主自らが「脱藩」して出陣しました。そのため、明治になって唯一改易された藩となってしまいました。

天童陣屋跡

山形県天童市田鶴町

　ＪＲ天童駅の正面とも言える東口を出て、正面の県道二八〇号線を進みます。百五十メートル程進むと、バスの走る県道二二号線に出ます。右に折れて、四百メートル程進むと、青年の家前のバス停があります。その先に信号があり、さらにその先の道を右に折れます。百メートル程進んだ右側の民家の敷地内には平成元年（一九八九）六月に天童市教育委員会が建てた「天童織田藩御陣屋大手門跡」の標柱があります。ここが陣屋の正面入口ということになります。さらに道を進むと五十メートル程で行き止まります。ここで左に進むと、右側の奥に喜太郎稲荷神社や田鶴町公民館がありまます。ここが天童陣屋の跡地です。さらに道を進むと、右側に「織田藩家老吉田大八屋敷跡」の標柱が立っています。これも平成元年に教育委員会が建てたものです。

　陣屋跡に入って行くと、「御陣屋の松」や「天童織田藩調武館・稽古所跡」の説明板があります。ここには藩士が武術に励んだ北辰一刀流の道場「調武館」と稽古所があったとのことです。明治になると戸町役所が置かれて天童町政の中心となりました。ここから奥に進む道が当時の絵図を基にして書かれた案内板によると堀跡になります。その道の右側に喜太郎稲荷神社と田鶴町公民館が、左側に田鶴町公園があります。室町時代に天童氏が祈願所としていましたが、天保元年（一八三〇）に織田氏が氏神として、陣屋に奉祀しました。また公民館前には、大正十二年（一九二三）四月に旧天童藩士によって建てられた「天童舊記念碑」があります。御殿があった陣屋の中心は、田鶴町公園からその奥の奥羽本線を越えて、その先に拡がっていました。要するに、陣屋中心は奥羽本線に分断されているわけです。「田鶴町」というのは、江戸時代には一般の人が住んでいなかった陣屋の郭内に、明治七年（一八七四）から居住が認められてできた町です。

天童藩は織田家で、織田信長の二男で小牧長久手の戦いでは徳川家康と組んだ信雄に始まります。信雄の四男信良が上野小幡藩二万石の初代藩主になり七代続きました。七代信邦の時に山県大弐の明和事件が起こり、信邦は高畠へ移封となり、蟄居を命じられ、同時に国主格などの接遇を廃されました。信邦の弟信浮が高畠二代藩主になりました。三代信美は、天保元年（一八三〇）に陣屋を天童に移して、天童藩が始まりました。

清川口で庄内藩が勝利したため、新庄の副総督府は、山形・天童・上山藩等の近隣諸藩と松前・土浦・佐倉・館林藩の飛地の陣屋に出陣を命じ、先制攻撃を計画しました。一方、庄内藩側でも寒河江・柴橋の確保のために出陣をしましたが、庄内軍では意見が二つに割れていました。寒河江・柴橋の確保を目的とした出陣で国境を越えるつもりはないとする者と、教導代である天童藩士吉田大八を恨む気持ちから越境して天童を攻撃するという者でした。戦意が高揚している庄内藩兵に対して、副総督軍は小藩の寄せ集めで戦意が高まるはずもありません。元々、本当に戦いを考えていたのは、副総督府と薩長兵のみで、天童藩を始めとする奥羽諸藩は、話し合いで終わらせることを考えていました。

閏四月四日（一八六八・五・二十五）払暁、庄内兵が濃霧の中、舟で最上川を移動したことに始まります。庄内軍は、敵前上陸に成功し、方々で戦いが始まりました。突然の銃撃に副総督軍は混乱し、あっという間に最上川の防衛ラインは崩壊し、天童死守の戦意にも乏しく、それぞれの自領に向かって敗走していきました。庄内兵はそのまま一挙に天童を目指して進軍しました。それを知った藩主織田信学と家族は陣屋を出て仙台領に向かい、付近の住民も各々避難しました。

天童藩兵も天童陣屋に敗走し、陣屋で防戦しましたが、平地にある陣屋でもあり、防ぎきれるものでもなく、庄内兵は陣屋内に突入したため、家老の高沢茂左衛門は陣屋に火をかけて全員退却を命じました。庄内兵が町に火をかけたため侍屋敷二百三十三戸、寺院三堂が焼失しました。

庄内兵は、さらに北上して副総督府のある新庄を攻撃しようとしましたが、天童攻略はやり過ぎであり、速やかに帰還するようにとの鶴岡からの使者が来ました。

金沢屋跡

福島県福島市北町

　ＪＲ福島駅を東口に出て、正面に延びる県道三七三号線を進みます。四百メートル程進むと、左側に街なか公園があります。旧奥州街道は公園の先の道を右手南側から来て、ここで正面に折れて進み、現在のレンガ通りになります。旧道は三百メートル程進むと県庁通りにぶつかり、左に折れます。県庁通りを左に百メートル弱進んで、さらに次の交差点を右に折れます。三百メートル程進むと、国道四号線との北町交差点があります。この辺りは、奥州街道沿いに旅籠が軒を並べる賑やかな場所でした。その旅籠の一軒が金沢屋でしたが、現在はその跡地を示すものすらありません。現在は自動車販売店になっている辺りか、その東の国道の走っている所が跡地です。

　世良修蔵襲撃の実質の指揮者であった仙台藩士瀬上主膳の定宿であり、捕縛した世良を連行して尋問した場所が客自軒でした。この跡地も何もありませんが、現在は駐車場になっています。北町の交差点に出る手前の道を左に折れて進むと、百メートルも行かないうちに突き当たります。ここがその跡地です。明治になって「紅葉館」と呼ばれるようになった割烹旅館の建物は、昭和まで使われましたが、老朽化が進んだため解体され、現在は福島市指定有形文化財として福島市民家園に移築・復元されています。

ドラマ等で戊辰戦争の舞台が奥羽になると、必ず登場する人物の一人が世良修蔵です。それも完全な悪人として。薩摩藩士の大山格之助と共に奥羽鎮撫総督府下参謀として、奥羽に来ましたが、その傲慢な態度は周りから反感を買いました。

「官軍を笠に着て嫌な奴」

と奥羽の人々からは憎まれたことでしょう。

「こいつら、戦いをする気があるのか」

と世良はより高圧的になったことでしょう。お互いに不信感を持ち、世良から大山への手紙に「奥羽皆敵」とあったため世良暗殺へと進んでしまいました。

しかしこれは世良のみの問題ではなかったと思います。新政府からすると、江戸城開城は成ったものの、まだ江戸の彰義隊、関東周辺には大鳥圭介らに率いられて北上する伝習隊を主力とする軍、伊庭八郎や林忠崇に率いられた兵などの旧幕府勢力がいました。そのため会津・庄内征討は奥羽諸藩の兵力で行いたいと考えていました。奥羽鎮撫総督府の兵は薩長兵七百弱でした。しかし、鎮撫総督府を派遣すると、奥羽諸藩は非協力的で、会津藩の嘆願書が提出される始末。追討どころではありませんでした。「勅命」の一言で全てが協力すると考えた新政府の甘さで、その反動が世良らに重くのしかかりました。そのため、世良は高圧的になり、「勅命」ではなく「力」で押さえようとしました。その考えも甘く、さらに関係は悪化していきました。世良からすると、本腰を入れて追討をしない奥羽の諸藩は「皆敵」というのは、本心だったでしょうし、焦りの表れでもあったのでしょう。

考えが甘かったのは奥羽諸藩も同じで、朝廷と薩摩・長州を別と考え、世良を殺害してしまいました。世良を殺害しても「朝敵」にはならないと考えて襲撃を実行したのでしょうが、奥羽鎮撫総督下参謀であることは間違いありませんでした。そのため、奥羽での戦いは全面戦争になっていき、その原因を世良が全て負うことになってしまいました。そのため、実態以上に「悪人」にされていると思います。

瀬上や軍目付姉歯武之進等は福島に来ていて、世良殺害を計画していました。ここに福島藩士鈴木六太郎が託された世良の密書が届けられました。仙台藩には内密ということでしたが、後に溝ができることを心配した福島藩の判断でした。襲撃は、瀬上・姉歯ら仙台藩士、鈴木ら福島藩士、地元の目明し浅草宇一郎らの二十五名程でした。決行されたのは、閏四月二十日（一八六八・六・十）に日付が変わった頃でした。持っていたピストルが不発だったとか、命乞いをしたとか、最期まで「みっともなく」語られています。尋問の末、近くの阿武隈川の河原で同宿していた報国隊の勝見善太郎と斬首されました。二階からの逃亡で重傷を負い、尋問どころではなかったとも言われています。

小峰城

福島県白河市郭内

ＪＲ白河駅のホームに降りると、目の前に城が見えます。駅から五百メートル程の所にある城跡は、現在その一部が城山公園として整備されています。敷地内にある小峰城歴史館では、パネル・ジオラマ・映像等で小峰城の歴史が説明され、歴代藩主等の所縁の工芸品や古文書も展示されています。

現在では本丸周辺に石垣や堀が一部残っているのみですが、発掘調査が行われ、三重櫓や大手門・前御門・会津門・太鼓門等の城門の位置が判明し、さらに武家屋敷の状況も明らかになりつつあります。その発掘調査によって判明したことに基づいて平成三年（一九九一）に三重櫓、六年に前御門が復元されました。一国一城令の後に築城された城であったため、天守閣は築かれず、この三重櫓が実質的な天守閣でした。二十二年には国の指定史跡になりました。

三層櫓の発掘調査の結果は、文化四年（一八〇七）に完成した元禄期から享保期

（一六八八～一七三六）の「川越侯所伝之図」等の図面とほぼ一致していました。この「川越侯所伝之図」や、幕府が正保元年（一六四四）に諸藩に命じて出させた城郭や城下町の全体図である「正保城絵図」に基づいて、復元作業が行われました。基礎部は鉄筋コンクリートが使用されていますが、本体部分は木造によるものです。木造による天守閣の復元は、最近では各地で計画されているようですが、まだ数少なく、この小峰城が最初のものでした。その復元に使われた木材は、戊辰戦争で激戦地となった、近くの稲荷山の杉が使われていますが、その時の銃弾の跡をそのまま残して使われています。そのため、復元ではなく当時の城の攻防戦での弾傷と錯覚しそうになります。

江戸時代、丹羽氏・榊原氏・本多氏・越前松平氏・久松松平氏・阿部氏と城主がしばしば替わりました。奥羽の玄関口とも言える白河は重要な地でしたが、この時は留守城のようなものでした。慶応三年（一八六七）に天領になっていたため、城主がいませんでした。奥羽鎮撫総督府が仙台に入ると、白河確保のため、仙台・棚倉・二本松・三春・泉・湯長谷の藩兵を向かわせました。世良が福島に去ると、世良附属の長州藩士野村十郎がこれらの藩兵と共に守ることになりました。

一ヶ月程前から、藩境付近では会津兵と仙台兵の間で戦闘がありましたが、双方とも戦う意思はあまりなく、鎮撫総督府に見せるための戦いを続けていました。閏四月十六日（一八六八・六・六）、会津兵と旧幕軍の新選組が白河の西北十二キロの所に進出しました。福島で世良修蔵が襲撃されたことを好機と捉えて二十日に小峰城攻撃を決行しました。会津兵・新選組が奇襲攻撃をかけましたが、奇襲攻撃と言っても、前もって奥羽諸藩の兵には連絡があり、慌てたのは野村ら総督府兵のみだったでしょう。奥羽諸藩兵には戦意がなく、藩地に退却して行きました。これも予定行動で、戦いは半日で終わり、午後には会津兵・新選組が小峰城に入城し、白河の地を確保しました。

その後、生前の世良から要請のあった援軍が白河に近づきました。北関東にいた薩摩藩士伊地知正治に率いられた薩摩・長州・大垣・忍の兵で二百五十名と大砲五門（一説に四門）でした。白河陥落を知り、慌てて北上しました。しかし、その兵力は少なく、土地勘もなく、さらに連日の雨で道が悪く進軍も苦労しました。二十五日早朝、白河の南方五キロ程の白坂に布陣する会津兵に、西軍の先頭の部隊が攻撃を始めました。しかし、西軍は連係が悪く、本隊の行軍が遅れていたため、会津・新選組に三方から攻撃され、正午に伊地知は退却を決めました。

この戦いの時に白河付近には、会津兵純義隊・集義隊・遊撃隊・青龍隊・朱雀隊、旧幕兵の新選組らの小兵力がいたのみでしたが、家老に復帰した西郷頼母が会津藩白河口総督になり、副総督横山主税と共に兵を率いて白河に来ました。さらに会津藩のみならず、仙台・棚倉の兵も集まり、総兵力は三千程になりました。こうなると、伊地知らも簡単に攻撃することもできず、薩摩・長州・大垣に加え因州・備前・大村・柳川・佐土原の兵を集結させました。

小出島陣屋跡

新潟県魚沼市諏訪町

ＪＲ小出駅を出て正面に少し進むと、県道三七一号線に出ます。左に折れて県道を進むと、二百メートル程で県道は左に折れるので、それに従って左に折れます。魚野川に架かる小出橋を渡ると商店街に入って行きます。入ってすぐの道を左に折れ、最初の道を右に進むと、すぐの所に観音寺があり、その先になかよし中央公園や小出保育園があります。この道は「陣屋通り」と名付けられています。公園の先の道を左に折れて進むと、すぐの右側の空地に戊辰戦争懐旧碑等の石碑があります。この付近一帯には会津藩の小出島陣屋がありました。

魚沼市指定文化財になっている懐旧碑の篆額「懐舊碑」は元斗南藩主であった松平容大、撰文は元会津藩士で東京高等師範学校教授になった南摩綱紀です。明治二十九年（一八九六）に戦いの内容が書かれた撰文ができ、三十六年六月に小出島有志の拠金で建立されました。その横には「戦死者姓名」と書かれた小さな石碑があり、町野久吉や郡内半五郎ら十四名の名前があります。また、望月武四郎の辞世の歌碑もあります。望月は閏四月二十七日（一八六八・六・十七）の戦いで負傷し自刃しました。辞世の最後にある「輪形月」は「望月」を暗示したものとも言われています。碑の石はこの地方の銘石である「八海石」、台座の石は会津地方のものです。こちらは昭和六十三年（一九八八）の戊辰百二十年記念事業で建てられたものです。また、近くの大塚墓地には会津藩士の墓があります。

通常は代官しかいなかった陣屋に、鳥羽伏見の戦いから一ヶ月程たった二月十五日（一八六八・三・八）に町野源之助が奉行として着任しました。これは新政府軍との戦いに備えてのことでした。奥羽鎮撫総督府軍と会津兵が白河で戦いを始めた閏四月下旬、上越国境の三国峠でも戦いが始まりました。

東山道先鋒総督府の一部である上野巡察使に率いられた前橋・吉井・高崎等の上州諸藩の一隊千五百名程が三国峠を越えて越後の地に進軍してきました。これを迎え撃つのは会津藩小出島陣屋の兵で、郷兵・村兵を加えて三百名程でした。閏四月二十四日未明に激しい銃撃戦が始まりました。兵力も少なく、農兵中心の軍のため、会津兵は浮き足だちました。これを見た奉行町田の弟町野久吉は、槍をふるって白兵戦を挑み、敵陣に乗り込みましたが、ここで戦死しました。

東山道先鋒総督府は兵を二手に分けて、本隊は軍監岩村精一郎が率いて雪峠から小千谷に向かいました。二十六日に小千谷の南の雪峠で会津兵・衝鋒隊と尾張・松代・松本・飯田・高田の信州諸藩を中心とした東山道先鋒総督府軍が戦いました。一方、支隊の薩摩・長州・松代・飯山・尾張は、小出島に向かいました。三国峠での敗戦を知った会津藩側も小千谷から援軍が来て兵力は増えましたが、それでも農兵等を含めて三百名程でした。会津兵は、軍議の結果、小出島南方の佐梨川と、北方の四日町に兵を分けて備えました。

二十七日早朝、北方から攻める尾張兵の銃撃により小出島で戦いが始まりました。北方での銃声を聞いた南方の先鋒総督府軍は佐梨川を渡河して市内に入ろうとしたため、佐梨川を挟んで銃撃戦になりました。その後、正面から薩摩兵が、上流の東側から長州兵が渡河を試みました。近代戦は不得意でも、白兵戦には強い会津藩ですから、激しい白兵戦による市街戦になりました。渡河した長州兵は押され気味でしたが、続いて松代兵が突入し、さらに正面から薩摩兵が進んできました。次第に会津兵は不利になって押されていきました。背後で市街戦が始まると、北方の四日町で戦っていた町田らの兵も次第に形勢は不利になっていきました。元々、兵力差があり、さらに農兵を中心としており、正規の藩士が少ない会津兵の脆さが露呈し、戦いは半日程で終わりました。

この小出島は会津藩領になって百四十年程のため、市街戦に持ち込んででも小出島死守を目指しました。それにしては兵力が少ないように思いますが。援軍を合わせて会津兵は三百名弱に対して先鋒総督府軍は七百から千名と言われています。結果として退却することとなり、新政府軍が占領した最初の会津藩領となりました。

稲荷山古戦場

福島県白河市松並・九番町

　ＪＲ白河駅の駅舎を出て、正面の県道一八号線を進みます。道は次第に細くなり七百メートル程で行き止まります。左に折れて、さらに右に折れて進みます。途中に武道館や龍興寺があり、道はいったん登り坂になり、その後に下って行き、七百メートル程で突き当たります。突き当たりを右に折れて、すぐ左に折れると国道二九四号線です。この国道が旧奥州街道です。百メートル程進むと右側に稲荷山公園がありますが、山とついていても高台か丘程度の高さです。稲荷山には、西郷頼母の歌碑や両軍約千名の戦死者名が書かれた慰霊碑があります。

　さらに二百メートル程進むと、右側に「戦死墓」と書かれた大きな石碑等がありま す。会津藩主松平容保題字の銷魂碑には横山主税・海老名衛門ら三百余名の戦没藩士の名前があります。国道の反対側には「長州大垣藩戦死六名墓」があります。閏四月二十五日（一八六八・六・十五）の戦死者のものです。こちらは長州藩三名・大垣藩三名の戦死者が葬られたものです。大正四年（一九一五）までは薩摩藩七名の戦死者も葬られていました。道を挟んだ左右に敵同士の墓が立ち、それを現在でも、地元の人たちによって分け隔てなく弔われていることが知られます。

駅から稲荷山への途中にある龍興寺には会津藩の軍事奉行であった海老名衛門の供養碑があります。重傷を負い、この地でこれまでと観念して、自刃したと言われています。このような墓・供養碑等は、市内の方々に百基以上が残っていると言われます。そして会津・旧幕軍、新政府軍の区別なく現在でも変わらずに慰霊が続けられています。

小峰城から直線距離で十キロも離れていない所に古代の白河の関跡があります。この白河の地は、古代から奥羽への玄関口として重要な拠点でした。その双方にとって重要な白河で戦いが始まったのは閏四月二十日の会津・旧幕府兵の小峰城攻撃でした。二十五日の戦いでは、新政府軍の兵力が少なく、しっかりとした作戦もなかったため、会津・旧幕軍が撃退しました。しかし、再び新政府軍は小峰城奪還計画を立案し、兵力を集中しました。この時には、奥羽越列藩同盟が成立する直前で、仙台や棚倉の兵も白河に出陣していました。そのため二千から二千五百名の兵がいました。それに対して新政府軍は七百名程で劣勢でしたが、こちらも関東地方での戦いが落ち着きかけている時期で、次第に兵力を集中していきました。

五月一日（一八六八・六・二十）に新政府軍は白河の南、白坂から三方向に分かれて進軍しました。中央を進むのは薩摩藩士伊地知正治が率いる兵で、稲荷山への砲撃で始まりました。東軍の白河口総督であった会津藩家老西郷頼母は、兵力を稲荷山に集中しました。一時劣勢だった伊地知ら中央隊でしたが、挽回すると会津兵は中央隊を積極的に攻撃しました。しかし伊地知の中央隊は囮部隊で、左右から進む野津鎮雄・川村純義の隊が前進しました。右翼隊は会津兵と遭遇しながらも撃退して雷神山を目指し占領し、左翼隊は立石山の会津兵らを撃退して確保しました。中央隊が確保していた小丸山と会津兵らが陣取る稲荷山ではにらみ合いが続いていましたが、これらの状況から伊地知らが勢いづき、次第に会津兵は後退していき、新政府軍は正午過ぎには小峰城に突入しました。

新政府軍七百名に対して会津兵らは三千名の兵力がありましたが、戦死者は新政府軍が戦死者十名負傷者三十八名に対して、会津兵等は七百名程で、負傷者はそれ以上いたと思われ、会津藩側の大敗と言えます。さらに重臣の戦死者も多く、会津藩副総督横山主税が銃撃され、会津藩軍事奉行海老名衛門や仙台藩参謀坂本大炊らも戦死しました。戊辰戦争中、戦死者が最も多い日となりました。

会津兵の損害は多かったものの、新政府軍は兵力が少ないため、新政府軍は小峰城攻防戦には勝利して白河を確保したものの、積極的な攻撃はできませんでした。そのため、奥羽諸藩が七月十五日（一八六八・九・一）まで七度の小峰城攻撃を行うことになりました。しかしこれを落とすことはできず、その頃には戦場が奥羽全土に拡大していて、白河の争奪が戦争の勝敗を決める状況ではなくなっていました。

慈眼寺

新潟県小千谷市平成

　ＪＲ小千谷駅を出て、正面の国道二九一号線を進みます。途中、旭橋で信濃川を渡り、駅から一・七キロ程進むと、本町二・平成一・平成二の表示のある交差点がありますここで左に折れて県道四九号線に入り、すぐ右に折れてそのまま県道を進みます。二百メートル程進んだ左側に立派な山門があります。ここが真言宗の船岡山慈眼寺で、白鳳時代に創建されたと言われています。

　県道から山門の方に向かうと、「小千谷市指定文化財　史跡岩村・河井会見の処」の石碑があります。そして山門に。山門（仁王門）は高さ十一・五メートルで入母屋造の屋根は幅十一メートル奥行七・四メートル。明治二十五年（一八九二）頃から建築が始まって十七年かけて完成したと言われています。平成二十七年（二〇一五）に小千谷市内初の国登録有形文化財に指定されました。山門を潜って進むと、正面にあるのが観音堂で、左に折れると本堂があります。本尊の聖観世音菩薩は弘法大師が彫刻したものと言われ、五代将軍徳川綱吉が参詣して供養料として和歌一首を書いた扇子を奉納しました。この扇子は寺宝として現在も伝わっています。

本堂向かって右側の上段の間で長岡藩軍事総督河井継之助と、東山道先鋒総督府軍軍監岩村精一郎による歴史的な会見が慶応四年五月二日（一八六八・六・二十一）に行われました。本堂の近くには、それを記念する「岩村軍監河井総督会見記念之碑」があります。昭和十四年（一九三九）に建てられたもので、碑文は徳富蘇峰の撰です。しかし本堂は平成十六年の中越地震で再建不可能とも思われる壊滅的な被害を受けました。それでも檀家を中心に全国の寄進者の尽力によって、ほぼ完全に復元され、現在もまた「会見の間」を見ることができます。そして、河井私信・岩村袖章・岩村私信・岩村筆自伝草稿・砲弾・銃弾・軍票・薩摩藩弾薬輸送箱等の史料が見られます。会見の間には、河井・岩村の肖像画、河井の書、薩摩藩士の位牌等があります。

会津藩預所になっていた小千谷へ岩村達新政府軍が進んできました。ここに長岡藩の家老であり軍事総督である河井がやって来て、長岡藩が出兵や献金に応じなかったことを謝罪し理由を説明、さらに中立を守り、猶予してもらえれば会津藩を説得するとの申し出をしました。しかし若い岩村は、単なる長岡藩の言い訳であり、河井を信用せず、差し出す嘆願書に目もくれませんでした。会見は三十分程で決裂してしまいました。経験浅い岩村ではなく参謀の黒田清隆か山県有朋が対応していれば戦争にならなかったかもしれないとも言われ、また岩村自らも河井のことを信じていなかったと後日に語っています。官僚的な門閥家老を方々で見てきたため、河井のことも同じように見ていたのでしょう。まさに「若気の至り」と言えるでしょう。

しかし、本当にそうだったのでしょうか。有能な河井だったら、「官軍」が目と鼻の先に来るまで、何も手を打たなかったというのが不可解でなりません。反対意見もあったというのならば、秘密裡に交渉をすることも可能だったと思います。会津藩を説得することに反対する者がいたとも思えませんし、もっと早くから説得に動けば良かったのではないでしょうか。会津藩を説得して降伏させるというのであれば、仙台・米沢藩を中心として動いている奥羽列藩同盟と同じで、その交渉が思うように進んでいないことは知っていたはずです。仙台・米沢を中心とした奥羽諸藩の同盟でも、鎮撫総督府も会津藩も動かなかったものが、長岡七万四千石一藩で成功すると思っていたのでしょうか。河井がそんなに楽観的な人物だったとは思えませんが。

想像をたくましくして言うと、河井は徹底抗戦を決めていたものの、藩内には恭順派も多く、藩内をまとめるために岩村を挑発して、やむなく開戦に踏み切った形を作りたかったのではないかと思います。江戸から戻る船には桑名藩主一行も同乗しており、桑名藩と会津藩、会津藩と庄内藩の方針等も話にあったでしょう。若造の岩村だから戦争になったのではなく、経験の少ない岩村だから利用できると思ったような気がします。そして世良修蔵同様、岩村も開戦の原因を作った張本人として「悪者」にされたような気がします。

白石城

宮城県白石市益岡町

ＪＲ白石駅の駅舎を出ると、正面に県道一〇八号線が伸びています。この道を進みます。県道は途中で右に折れて行きますが、そのまま進むと、駅から五百メートル程で突き当たります。その奥にある小山が益岡公園として整備されている白石城跡です。道の突き当たりから、左右どちらかに折れて回り込むと、公園への登り口があります。

公園に入って行くと、目に付くのが復元された天守閣と大手一ノ門・二ノ門です。他にも「片倉小十郎景綱公頌徳碑」や本丸御殿跡・辰巳櫓跡・二の丸大手二ノ門跡・馬場跡等の説明板や標柱があります。そして、歴史探訪ミュージアムがあります。一階は土産物等のある売店やレストラン、二階は片倉家所縁の品々、白石城本丸模型やパネル等で白石城の歴史が説明されています。三階は立体ハイビジョンシアターで、二百インチの立体ハイビジョンで大迫力の立体映像が体験できます。

天正十九年（一五九一）、豊臣秀吉は伊達氏支配下にあったこの地を会津に居城を持つ蒲生氏郷に与えました。氏郷の家臣であった蒲生郷成が城を築き城主になりました。慶長三年（一五九八）に上杉領になると甘糟清長が入り再構築しましたが、五年の関ヶ原の戦い直前に伊達政宗が攻略し、七年に重臣の片倉小十郎景綱が入り、以後明治まで片倉氏の居城でした。一国一城令がありながら、伊達領には青葉城と二城あり、この白石城は例外的な城でした。そのため、幕府等に遠慮して「天守」とは言わず「大櫓」、「三階櫓」などと呼ばれていたようです。一万五千石（後に一万八千石）を領する片倉氏でしたが、この白石城は十万石程の大名の居城に匹敵する大きさで、立派な「天守閣」でした。

しかし、明治七年（一八七四）に残念ながら解体されてしまいました。復元のために平成二年（一九九〇）から天守台の発掘調査が行われました。この発掘調査の結果を基本にして、文化六年（一八〇九）再建後の最晩年の建物を忠実に復元することが計画されました。石垣は古い時代の「野面積み」の方法で積まれ、木造で白漆喰塗籠です。白河の小峰城同様の現存天守を思わせる復元です。高さ十六・七メートル、三層三階の層塔型の天守閣で平成七年に完成しました。

奥羽での戦いが本格化すると、白石城には奥羽越列藩同盟の公議府が置かれました。奥羽鎮撫総督府が仙台に入ると、奥羽諸藩に対して会津追討を命じました。しかし、仙台藩を始めとする諸藩は戦う気はなく、見た目のみの戦闘をしていました。そしてその一方で、仙台・米沢藩を中心に会津救済の動きがありました。戦争は回避したいと思うのは、どの藩でも同じですし、しかも時期が農繁期になります。仙台・米沢藩と会津藩との話し合いでは「謝罪」はともかくとして「降伏」では話がまとまりません。それよりも問題なのは、鎮撫総督府との話し合いでした。このために奥羽諸藩の協力が必要になりました。

閏四月四日（一八六八・五・二十五）に米沢藩家老竹俣美作・千坂太郎左衛門、仙台藩家老但木土佐・坂英力の名で奥羽諸藩に列藩会議の招請状が出され、十一日に白石城で行われました。この時参加したのは仙台・米沢・二本松・盛岡・棚倉等の十四藩の代表三十三名でした。この時に成った「諸藩重臣副嘆願書」は、仙台・米沢藩主連名の「会津藩寛典処分嘆願書」、会津藩家老名の「嘆願書」と共に鎮撫総督府に出されました。しかし、世良修蔵の強硬な反対もあって、却下されました。その後も会議があり、決定事項の修正もあって、五月三日（一八六八・六・二十二）に会津・庄内藩寛典処分の太政官建白と修正された盟約書が二十五藩によって成立しました。奥羽諸藩同盟成立の日には諸説ありますが、この五月三日が最も有力です。さらに遅れて、四日に小千谷会談で決裂した長岡藩、六日に新発田藩等北越の藩が参加して合計で三十一藩による奥羽越列藩同盟が成立しました。

この後、共同戦線で戦っていくことになりますが、問題点もありました。成立の過程でも分かるように、本来は非戦のための同盟で、成り行きで軍事同盟になっていきました。そして大藩が主導権を握っているため小藩の意見は通らないことも多々あったようで、次第に足並みが乱れていきました。

朝日山古戦場

新潟県小千谷市大字浦柄

　ＪＲ小千谷駅の駅舎を出て右に延びる国道二九一号線を二・三キロ進むと、横渡の交差点があります。国道は右に折れるので、ここで右に折れて国道を進みます。二百メートル進むと、国道は左に折れ、さらに一キロ程進むと、右に曲がって行きます。曲がる前、正面にＪＲのトンネルがある所が古戦場である榎峠で、平成十六年（二〇〇四）の中越地震では大規模な崩落があった場所です。国道は朝日川を渡って右に曲がって行きます。四百メートル程進むと、朝日山入口のバス停があり、その手前右側に朝日山古戦場への標識があります。ここで右に進むと二百メートル弱の左側高台に浦柄神社があります。

　浦柄神社は、無人の小さな神社で、昭和十六年（一九四一）に建てられた山本五十六書の「戊辰戦蹟記念碑」があります。その背後には「朝日山殉難者墓碑」として昭和二十八年に建立された二十二基の墓石があります。一番左が新国英之助の墓で「新國義成之墓」とあります。新国は白虎隊士で、戦いから二十数年後に父親が遺体を探し当てて建立したものです。また東軍戦死者の墓の中に、なぜか西軍の時山直八の墓があります。側面に「官軍参謀時山直八之碑」と書かれています。この二人以外は誰のものか分からず戒名のみが書かれています。また少し離れた所に「戊辰戦死神霊」とある戦死者慰霊碑もあります。

浦柄神社を通り過ぎて、ひたすら登って行きます。ほとんど一本道なので迷うことはなく、迷いそうな所には指示が出ていて、神社から一時間弱進むと山頂に着きます。その途中には、「東軍兵士の墓」があります。その一つには浦柄史蹟保存会が建てた説明板があって新国英之助戦死の地と分かります。また、山頂へ千二百メートルの案内がある所から、指示に従って分かれて進むと時山の墓があります。「官軍参謀時山直八之碑」とあります。傾いた小さなもので、「時山直八の墓」の標識がないと全く分かりません。

道を戻って山頂に進みます。山頂には資料の展示もされている展望台や駐車場が整備されています。そしてその近くには「東軍野営場」や第一砲塁地、フランス式の塹壕が残っています。まさに戦いの跡地です。野営地や砲塁地と言っても雑草が伸び放題で、何が何やら分かりませんが、塹壕は一目で分かります。そして昭和十六年に元会津藩主松平容保の七男松平保男揮毫による「朝日山古戰場」の石碑があります。地元民の寄附によって建てられたもので、まだ舗装もされていない山道を小学三年生以上の村中の老若男女総動員で人力によって運搬されました。ここにも「東軍兵士の墓」が何箇所かにあり、また「時山直八戦死の地」の説明板もあります。説明板によると、実際に狙撃されて戦死した場所は、八十メートル程下方とのことですが、本当に山頂まであと一歩の地です。慶応四年五月十三日（一八六八・七・二）未明、時山は二百余名を率いて朝日山を奇襲しましたが、桑名藩雷神隊の銃手三木重左衛門に狙撃されて戦死しました。しかし、激戦の最中であったため、死体を収容することはできず、首級のみを持って退却したと言われています。

慈眼寺での会談が決裂すると、藩境に当たる榎峠の攻防戦が起こりました。西軍は会談が決裂すると、すかさず尾張・松代・上田兵を榎峠に派遣して占領しました。それに対して東軍は五月十日（一八六八・六・二十九）に長岡・会津・桑名兵や衝鋒隊が南下して、これを攻略しました。翌日早朝、西軍は榎峠の攻撃を始め、榎峠と信濃川河原で激しい銃撃戦が行われました。榎峠の側面にそびえる朝日山の存在を双方とも気付き、両軍が競走で朝日山に登る形になり、少し早く山頂にたどり着いたのは長岡兵でした。兵は戦いながら、囚人を使って陣地を造りました。

西軍の参謀山県有朋と仮参謀時山は十三日早朝に朝日山総攻撃を計画し、十二日夜に山県は援軍を求めて小千谷の本営に戻りました。十三日早朝、濃霧の発生を好機と捉え、時山は援軍を待たずに攻撃を行いました。しかし案内人が道を間違えたため、最も防備が強固な陣地前に出てしまいました。それでも機を逸することを恐れた時山は突撃を強行しました。しかし、攻撃は失敗に終わり、時山は戦死してしまいました。

彰義隊の墓

東京都台東区上野公園

東京の代表的な観光地の一つに上野公園があります。この公園には東京国立博物館・国立科学博物館から動物園・野球場等、多くの施設があります。そして有名な西郷隆盛の銅像や彰義隊の墓もあります。寛永二年（一六二五）に三代将軍徳川家光は、天海僧正に命じて寛永寺を建立させました。中心になる根本中堂は、現在の噴水広場の場所にありました。寛永寺は幕末まで続きましたが、上野戦争で焼失して一面の焼け野原になり、大正十三年（一九二四）に東京市に下賜されると上野恩賜公園になりました。

上野公園を南側から入って行くと、西郷像の立つ高台に上って行く石段の手前、左側に黒い石のような壁泉があります。この地にあった寛永寺の総門である黒門を表現したもので、上野戦争では黒門付近が最大の激戦地となりました。

石段を上って行くと西郷像があり、その背後に彰義隊の墓があります。上野戦争で戦死した彰義隊隊士の遺体は山内に放置されていましたが、南千住円通寺の住職仏磨らが、この地で荼毘に付しました。正面の小墓石は明治二年（一八六九）に寛永寺子院の寒末松院と護国院の住職が密かに地中に埋納したもので、「彰義隊戰死之墓」とあり、後に掘り出されました。大墓石は元彰義隊隊士の小川興郷らが七年にようやく新政府から許可をもらい建立したものですが、明治政府をはばかって「彰義隊」の文字はなく、旧幕臣山岡鉄舟筆による「戦死之墓」とあるのみです。その後、百二十年余り小川一族が墓所を守っていました。現在は東京都が管理し、台東区有形文化財になっています。

彰義隊は、「賊軍」となった前将軍徳川慶喜の助命・復権について相談することから始まりました。陸軍調役本多敏三郎・伴門五郎、陸軍調役勤方須永於菟之輔が奔走しましたが結果が得られず、檄文を作って賛同者を募り、二月十二日（一八六八・三・五）に雑司ヶ谷の茶店茗荷屋に集まりました。この時は、本多・伴・須永の他に十四名が集まりました。その後、幕臣渋沢成一郎や天野八郎らが加わり、幕臣のみならず脱藩者・町人・博徒・俠客と階層も幅広くなり、人数も増えて最盛期には三千から四千人になりました。浅草本願寺で二十三日に会合が開かれた時には「彰義隊」の隊名も決まり、頭取に渋沢、副頭取に天野、幹事に本多・伴・須永が選ばれました。

しかし、その性格は慶喜の助命・復権の嘆願から、慶喜警護団となり、さらに新政府への敵対集団と変わっていきました。

　頭取であった渋沢は抗戦派の副頭取の天野と対立して、渋沢は本願寺に残り、天野は上野に移ったため、彰義隊は分裂しました。大多数は天野と共に上野に移りました。元々、彰義隊は慶喜の助命・復権を目的に集まった集団でしたから、四月十一日（一八六八・五・三）に江戸城が開城して、慶喜が水戸で謹慎になると、本来の目的は失われたことになります。

　関東を中心に抗戦していた旧幕府方の諸隊も同様で、竹中丹後守重固率いる美濃岩手藩の純忠隊三百、関宿藩の万字隊二百、越後高田藩の神木隊八十等、脱藩した者、国元が新政府軍の勢力下に置かれていた者など行き場を失った旧幕軍勢力千名程の兵が集まり、これらと共に彰義隊は上野山内に籠りました。そして寛永寺別当覚王院義観の協力で、新たな目的を寛永寺貫主日光輪王寺門跡公現法親王（後の北白川宮能久親王）を擁して寛永寺徳川家霊廟守護としました。

　一方、天野ら抗戦派と別れた渋沢は、その後、振武隊を結成しました。渋沢は、新一万円札の顔として話題になっている渋沢栄一の従兄で、若き渋沢は従兄栄一らと尊王攘夷をもって奔走しました。慶喜が将軍になると奥右筆になり京都にも上りました。

彰義隊を脱退して振武隊を結成すると関東で戦い、後に彰義隊の残党を吸収して、新たな彰義隊を作り、箱館まで戦い続けました。

東征大総督府では、彰義隊の解散命令を出しましたが、逆に彰義隊では挑発行為がエスカレートしていき、新政府兵に死傷者が出ることになりました。大村益次郎が江戸に派遣されると、五月十五日（一八六八・七・四）に総攻撃を実行しました。

円通寺

東京都荒川区南千住

　地下鉄東京メトロ三ノ輪駅を二番出口から地上に上がって国道四号線昭和通りを左に進みます。途中でJRの高架を潜り、駅から五百メートル程の左側に曹洞宗の円通寺があります。延暦十年（七九一）に坂上田村麻呂が創建したと言われ、また源義家が奥州鎮定の時に討ち取った四十八の首を境内に埋めて塚を造ったことから、周辺を小塚原と呼ばれるようになったと言われています。

　本堂の手前左側に金網に囲まれて木製の門があります。これが寛永寺にあった黒門です。近づいて見ると、無数の弾痕があります。勿論、上野戦争の時のもので、その戦いの激しさを物語っています。その黒門の後方、本堂の前にある五輪塔が東京都指定史跡になっている彰義隊の墓です。

　上野総攻撃の後、彰義隊の遺体は山中に放置されていました。それを知った円通寺住職仏磨は、許可を取って寛永寺御用商人三河屋幸三郎と上野で荼毘に付して、円通寺に合葬しました。それが縁になって、黒門がこの地に移されました。ここには、彰義隊の墓の他に戊辰戦争関係の墓や碑が数多くあります。

頭取の渋沢成一郎らと別れた抗戦派の副頭取天野八郎らは上野山内に移り前将軍徳川慶喜の警護に当たりました。四月に慶喜が謹慎のため水戸に移った後も寛永寺の子院に分宿し、天野は寒末松院に本営を置きました。江戸城開城のため、目的や行き場をなくした江戸周辺にいた旧幕府の諸隊も上野に集まってきました。そして彰義隊などの新たな方向として、寛永寺貫主輪王寺宮公現法親王（後の北白川宮能久親王）を奉じ、輪王寺宮の後見の寛永寺別当覚王院義観の協力を得ました。恭順派の勝海舟は苦肉の策として江戸警備を任せて懐柔を図りました。しかし、彰義隊隊士は次第に過激化していき、新政府兵を挑発するようになり、さらに彰義隊隊士による新政府兵殺害も続発しました。

大村益次郎が京都から江戸に遣わされ、東征大総督府の実権を握ると、彰義隊討伐を決定しました。その作戦の内容を知った西郷隆盛は「薩摩兵を皆殺しにするつもりか」と言い、大村は「そうだ」と答えたというのは有名な話です。正面の黒門を薩摩・因州・肥後の三藩、背後の団子坂を長州・大村の二藩で攻め、不忍池対岸の本郷から肥前藩が砲撃する計画でした。

彰義隊は黒門の先（外側）、三枚橋に胸壁を造り、後方の山王台（現在西郷像のある付近）に大砲を置いて防戦の準備をしました。そして穴稲荷門に神木隊・浩気隊、谷中門に彰義隊の一部と歩兵隊・旭隊・万字隊・松石隊、下寺の諸坊に遊撃隊・純忠隊・精忠隊、下寺通りの三門に彰義隊の一部を配備し、正面の黒門には彰義隊主力と万字隊を置きました。彰義隊と上野に集結した旧幕府諸隊で三千、しかし開戦直前に戻れなくなった者や脱走した者も多く、開戦時には千名程になっていたと言われます。

五月十五日（一八六八・七・四）午前七時、正面の薩摩兵が三枚橋の胸壁に対する砲撃を行って戦いが始まりました。彰義隊も応戦し、混戦となりましたが、いったん黒門内に兵を下げ、山王台から砲撃を加えました。三時間程経っても防御は崩せず、因州・肥後の兵が援軍に来ました。黒門口は、当初の予想通り激戦になり、膠着状態になりました。一方、側面攻撃の団子坂からの長州・大村二藩の攻撃も、激しい反撃を受けて、進むことができなくなりました。

彰義隊は、激しい攻撃に対して防戦を続けましたが、次第に死傷者が増えていき、押されていきました。そして、戦局を決定づけたのが側面からの砲撃でした。本郷台の富山藩邸・加賀藩邸に置かれた肥前・久留米・藤堂・備前藩の砲兵陣地から、不忍池を越えて飛んでくる砲弾が脅威になりました。国内に三門しかなかったアームストロング砲の二門が配備されていました。夕方になって長く激しい戦いは終わりました。彰義隊結成の当事者の一人であった伴門五郎は、黒門で戦死しました。公現法親王と義観は落ちて奥羽へ向かい、逃走した彰義隊隊士の中には、分裂した渋沢の振武隊に合流した者もいました。天野は江戸市中に潜伏しましたが捕らえられて後に獄中死しました。

書　名					
お買上 書　店	都道 府県	市区 郡	書店名	書店	
			ご購入日	年　　月　　日	

本書をどこでお知りになりましたか?

1.書店店頭　2.知人にすすめられて　3.インターネット(サイト名　　　　　)

4.DMハガキ　5.広告、記事を見て(新聞、雑誌名　　　　　)

上の質問に関連して、ご購入の決め手となったのは?

1.タイトル　2.著者　3.内容　4.カバーデザイン　5.帯

その他ご自由にお書きください。

(　　　　　　　　　　　　　　　　　　　　)

本書についてのご意見、ご感想をお聞かせください。

①内容について

②カバー、タイトル、帯について

弊社Webサイトからもご意見、ご感想をお寄せいただけます。

ご協力ありがとうございました。

※お寄せいただいたご意見、ご感想は新聞広告等で匿名にて使わせていただくことがあります。

※お客様の個人情報は、小社からの連絡のみに使用します。社外に提供することは一切ありません。

料金受取人払郵便

新宿局承認

7552

差出有効期間
2024年1月
31日まで
(切手不要)

郵便はがき

1 6 0-8 7 9 1

141

東京都新宿区新宿1－10－1

(株)文芸社

愛読者カード係 行

ふりがな お名前				明治　大正 昭和　平成　年生　歳	
ふりがな ご住所	□□□-□□□□			性別 男・女	
お電話 番　号	(書籍ご注文の際に必要です)	ご職業			
E-mail					
ご購読雑誌(複数可)			ご購読新聞 新聞		
最近読んでおもしろかった本や今後、とりあげてほしいテーマをお教えください。					
ご自分の研究成果や経験、お考え等を出版してみたいというお気持ちはありますか。 ある　ない　内容・テーマ(　　　)					
現在完成した作品をお持ちですか。 ある　ない　ジャンル・原稿量(　　　)					

西軍上陸の地

新潟県長岡市中島

　ＪＲ長岡駅を正面の大手口（中央口）に出ます。この付近一帯が長岡城の跡で、駅の正面には平成二年（一九九〇）に長岡市が建てた「長岡城本丸跡」の石碑があります。その左手にスカイデッキがあり、正面に県道三六号線大手通りが延びています。少し進むとシティホールプラザアオーレ長岡があり、その脇に城内稲荷神社や「長岡城趾」、「長岡城二の丸跡」の石碑があります。

　県道を進むと途中から国道三五一号線になりますが、長岡駅から一・三キロ程で信濃川に架かる大手大橋、その手前に大手大橋東詰の交差点があります。ここで右に折れて進み、三百五十メートル程先の信号のある三叉路を右に折れ、すぐの道を左に折れます。その角には昭和六十二年（一九八七）に長岡市が建てた「戊辰史跡案内標柱明治戊辰戦跡顕彰碑」があります。ここで折れて進むと、すぐ左側に西軍上陸の地があります。

狭い玉垣の中に「西軍上陸の地」の説明板と何基かの石碑などがあります。「明治戊辰戰蹟」の石碑、「明治戊辰戰蹟顕彰碑」、歌碑、「明治戊辰之役　東西兩軍戰死者之墓」や長岡藩士の墓があります。「慶應四辰年　討死忠鉄義山居士　五月十九日」と三行で書かれたものと上部に横書きで「長岡藩」とあって四名の名が書かれたものがあります。

長岡攻略を目指す西軍は、南方方面では榎峠・朝日山を占領され、さらに仮参謀の時山直八が戦死するなど攻めあぐねていました。この膠着状態を打開するため、信濃川渡河による奇襲攻撃を計画しました。しかし、西軍も一枚岩ではなく、薩摩兵と長州兵の間には溝があり、奇襲攻撃を考えている山県有朋ら長州兵に対して、薩摩兵は冷ややかでした。山県は同じ長州藩士の三好軍太郎らに奇襲の準備を命じました。簡単に奇襲と言っても、実行は大変でした。梅雨で増水した大河信濃川を渡ることになり、すでに長岡藩では舟を回収していました。まず、舟を集めることから始まりました。

五月十九日（一八六八・七・八）は、濃霧の中、長州兵の奇襲攻撃に始まりました。信濃川を渡河して百名程が二手に分かれて、この辺りに上陸しました。この辺りを守備していたのは二十名程の老兵でした。それまでの信濃川を挟んでの銃砲戦で疲れていて、交代で休んだりもしていました。奇襲に成功した西軍は、さらに十五歳から十八歳の少年兵で編制された予備隊のいる兵学所を攻撃し、次第に長岡城に近づいて行きました。長州兵の奇襲成功を知った薩摩兵も渡河して蔵王に上陸しました。蔵王付近にいた長岡兵は、長州兵と戦うため、この辺りに移動していたため、薩摩兵の上陸も成功し、城に迫りました。

城下の方々で戦いが行われ、次第に城に近づいていきました。退却した長岡兵は、城に籠って戦うつもりでいましたが、家老牧野図書は城から落ち、再起を図るように指示しました。この時、藩主牧野忠訓・前藩主牧野忠恭（雪堂）らは、すでに城から落ちていました。藩士も城の東方の東山方面に落ちていきました。それでも退却を嫌って、自刃する者や最後まで戦って戦死する者もありました。

この時、総督の河井継之助は城の南方、摂田屋村の光福寺に置かれていた本陣にいましたが、西軍が城下に攻め込んだことを知って、駆け戻りました。この時、ガトリング砲を大手門口に据えて、河井自らが操作して反撃しました。しかし、その河井も銃弾を受けて負傷、いったん城内に引いた後、東山へ落ちて行きました。

ガトリング砲は、当時の日本には三門しかなかったと言われていて、その内の二門を長岡藩が持っていました。河井は、鳥羽伏見の戦いで旧幕軍が負けたことを知ると、江戸から藩主らを帰国させて、藩邸を整理しました。この時、家宝等を売却して、その金で武器と暴落した米を買いました。横浜で、プロシャ人ファーブル・ブラントから一門三千両でガトリング砲二門を始めとして最新鋭の武器を購入しました。暴落して安い米は、帰国途中の箱館で売りました。また銭単価の高い新潟で銅銭を換金したりして利益を上げ、軍資金に充てたため、長岡城落城の時に運び出された軍資金は十一万両を超えていたといわれています。

山崎の古戦場

神奈川県足柄下郡箱根町湯本

　箱根登山鉄道の入生田駅を出て正面に進むと、すぐに細い道に突き当たります。これが旧東海道です。これを左に進むと、三百メートル程で、現在の東海道である国道一号線に出ます。これをさらに進むと、三百メートルで山崎の交差点があり、その先、左側の歩道の脇に「山崎の古戦場」の説明板があります。さらにその四百メートル程先の右側、旧道と合流する所に箱根振興会が建てた「山崎ノ古戦場」の石碑がありま す。

　木更津の真武根陣屋を脱藩・脱走した請西藩主林忠崇は、伊庭八郎や人見勝太郎らと共に房総半島の富津・佐貫・保田・館山と軍備を整えながら行動して閏四月十二日（一八六八・六・二）真鶴に上陸し、忠崇は小田原に乗り込んで、小田原藩に対して協力を求めました。その後も甲州等に転陣して沼津に来ました。遊撃隊・請西藩兵連合軍のようなこの一軍が本格的に行動を起こしたのは、彰義隊追討がきっかけでした。

五月十九日（一八六八・七・八）に人見は七十名で箱根に向かいました。これは人見の抜け駆けによる行動でしたが、軍律云々と言っておられる状況ではなく、伊庭や忠崇が二百名程を率いて、慌てて後を追いました。

箱根の関所は、新政府軍の命令で小田原藩が守備していて、当然通行を拒否しました。そこで戦いになりましたが、二十日夜明け近くになって小田原兵から休戦の申し入れがありました。小田原藩の関所守備隊は新政府軍の軍監を追放する等、恭順は本意ではなく徳川家挽回に努めたいと説明しました。その後、小田原藩兵は遊撃隊と協力して関所を完全に占領しました。これが山崎の戦いの前哨戦で、新政府軍としては、混乱なく押さえていた箱根の地が、「なぜ、今更」と思ったでしょう。江戸の新政府軍は混乱して慌てたでしょうが、それ以上に混乱して狼狽したのが小田原藩重役でしょう。現地軍が独断で方針を変更してしまい、藩がそれに追従する形になりました。そして人見や伊庭は兵を率いて小田原に入りました。

これでは収まらないのが新政府軍側で、江戸に「小田原藩反逆」の知らせが届くと、問罪使や兵が派遣されました。またまた小田原藩重役は慌てることになって問罪使のいる大磯に使者を派遣し、藩主は自ら城から出て謹慎する等、恭順の意を示しました。その一方、人見や伊庭には軍資金や武器弾薬を渡して退去させました。そして、その後に遊撃隊討伐を決定しました。呆れるばかりの変わり身の速さです。戊辰戦争中に各所で見られることですが、新政府軍と旧幕府軍との板挟みになる小藩（小田原藩は小藩ではないが）の苦悩がここでも見られます。討伐には小田原藩が独力で当たり、その後方に問罪使の兵が待機することになりました。

伊庭らは、軍資金や武器弾薬を受け取り、そのまま湯本に布陣しました。人見は別行動を取り、品川沖にいた榎本武揚に援軍の依頼に向かいました。榎本からは協力の快諾を得るなど効果はありましたが、人見が戻る前に戦いが始まってしまいました。

その戦いは小田原城から四キロ程の箱根湯本の山崎で五月二十六日（一八六八・七・十五）午後に起こりました。再び裏切ったと怒る遊撃隊と、それまでの味方を攻めることになって士気が上がるとも思えない小田原兵とでは、結果は最初から見えていたようにも思います。戦い前半では、小田原兵は多くの損害を出すものの結果は得られませんでした。それを見かねた後方の長州・因幡・津・備前四藩の問罪使兵が夕方になって参戦し、山崎の陣地に突入し、遊撃隊は次第に西に後退していきました。「山崎ノ古戦場」の石碑から旧道を入生田へ戻って行くと、道は少しずつ下って行きます。左右から山が迫る、この辺りの街道に陣地を築き、銃撃戦や白兵戦が行われたと思われます。以前に小栗上野介が、新政府軍を東に入れて、後方の箱根を押さえることで敵を前後から攻撃できると必勝の戦略を提案していましたが、それを遊撃隊が実行したと言えます。戦略も良く、士気も高かったのですが、兵力が少な過ぎました。遊撃隊三十、請西兵七十程から始まり、途中から加わった者を含めて三百名程の兵力でした。

三枚橋

神奈川県足柄下郡箱根町湯本

箱根登山鉄道の入生田駅から一キロ程西に進むと、国道一号線と旧東海道が合流する所に「山崎ノ古戦場」の石碑があり、この付近で戦いがありました。ここからさらに五百メートル程西に進むと、左側を流れる早川に架かる三枚橋があります。その先五百メートル程進むと、箱根湯本駅があります。

旧東海道は、東から来ると、国道を進み、三枚橋の三叉路で左に折れて早川を渡ります。道は次第に右に曲がって西へ進み、早雲寺の脇を通ってさらに進みます。ほぼ現在の県道七三二号線で芦ノ湖に向かいます。

三枚橋は古くからあって、戦国時代には川幅が広く、中州が二つあったため、橋は三つに分かれていました。その名を地獄橋・極楽橋・三昧橋と言われ、その先の早雲寺に逃げ込めば、どんな罪人も罪を免れると言われ、極楽橋を渡ると追手もそれ以上追わなかったそうです。「三昧橋」の名前が「三枚橋」に変わったと言われます。江戸時代後期には長さ約四十メートル、幅約三メートルの土橋で、明治になってから堤に架かる木橋になりました。

五月二十六日（一八六八・七・十五）午後二時頃に山崎で戦いが始まると伊庭八郎ら遊撃隊は小田原兵を相手に奮戦しました。午後五時頃になって戦意のない小田原兵の被害が多いのを見て新政府問罪使兵が戦いに加わりました。戦意もあり数も多い問罪使兵に遊撃隊は押されて、次第に西に後退することになりました。

伊庭は三枚橋付近で敵に銃撃され、銃弾を腰に受けて座り込んでしまいました。傷は深手ではなく、まだ戦える状態でした。ここに小田原藩士高橋藤太郎が近づいてきましたが、これを味方兵と誤認したために左手首を切られてしまいました。伊庭は右手に持っていた刀で、高橋を斬り倒したと言われています。その後の治療で、肘から下を切断することになりました。この話には、異説もあるようです。それはともかく、その後も戦い続けて、最後は箱館で死にますが、「隻腕の剣客」として、現在でも人気があります。

西に退却した遊撃隊は、箱根関門に集まって、以後の方針を相談しました。多くの戦死者を出し、時間がたつと包囲される危険もあるので、箱根の維持は困難と判断されました。二十七日昼頃には箱根を放棄して熱海に向かい、午後四時頃には全軍が熱海に到着しました。ここで江戸に行っていた人見勝太郎と再会し、午後八時頃に隣村の網代から大型船三隻に分乗して、翌日朝に館山に戻り、遊撃隊の箱根での戦いは終わりました。

出陣の地館山に戻り、請西藩主林忠崇の戦いも終わったかと思うと、そうではなく、忠崇は人見と共に戦意のある者を選んで、精鋭百四十名と共に長崎丸で北上して仙台に入り、奥羽越列藩同盟にも協力しました。静岡の地で徳川家存続が決まると、戦意にも多少の変化はあったのでしょうが、それでも戦い続け、会津藩降伏を見届けた後に自らも仙台で降伏しました。こうして、漸く忠崇の戊辰戦争も終わりました。

一方、人見や忠崇と別れた伊庭は、病院船で治療を受けて、遅れて榎本艦隊の美賀保丸で奥羽に向かいましたが、暴風雨に巻き込まれて銚子付近で座礁してしまいました。それでも戦うことを諦めず、潜伏の末に十一月になってイギリス船に乗って箱館に渡り、歩兵頭並・遊撃隊隊長になって戦いを続け、重傷を負って、五稜郭開城の前日に自殺して二十六年の人生を終わらせました。

三枚橋には戊辰戦争を示すようなものは、説明板一つありません。しかし、北条氏で有名な、近くにある早雲寺には人見が建てた遊撃隊士の墓と顕彰碑があります。墓は遊撃隊戦死士墓と独特な文字で書かれています。顕彰碑は細かな文字で読むのも大変ですが、最後に「明治十三年六月　静岡縣士族　人見寧」とあります。

入生田駅から旧東海道を逆方向に三百メートル程進んだ所に、春日局や稲葉家一族のお墓があることで有名な紹太寺があります。その本堂裏の墓地には自然石の遊撃隊士の墓があります。これは全くの偶然に見つけたもので、小田原市教育委員会による説明板があったため見つかりました。

吉田大八の墓

山形県天童市小路

　ＪＲ天童駅を東口に出て、正面の県道二八〇号線を百五十メートル程進むと、バス通りに出ます。県道二二号線で江戸時代の羽州街道です。これを右に折れて進むと、四百メートル程で青年の家前のバス停があります。その先に信号があり、その先の道を右に折れると天童陣屋への道です。折れずにさらに県道を二百メートル弱進むと、信号のある交差点があります。ここを左に折れて進むと、突き当たりに佛向寺があります。

　浄土宗の宝樹山佛向寺ですが、昭和十七年（一九四二）までは末寺五十三ケ寺の時宗中本山でした。一向俊聖上人が弘安元年（一二七八）、成生荘に創建したと言われ、その後に現在の地に移されました。戦国時代には天童城の守りの一画にもなっていました。江戸時代の失火等で焼失し、現在の本堂は文政八年（一八二五）に建てられたものです。また、毎年十一月十七日には、山形県指定無形民俗文化財に指定されている一向上人が伝えたと言われる「踊躍念仏（正式には佛向寺一向上人開山忌踊躍念仏）」が宗教行事として伝わっています。

山門を入ると、正面にその立派な本堂があります。本堂の手前右側に嘉永四年（一八五一）八月に建てられた仏教的宇宙観を語る「満月之碑」があります。左側の墓地の手前には天童市指定有形文化財になっている鎌倉時代に建てられた板碑と石仏があります。石仏は凝灰岩製で、未開蓮華を持ち宝冠をかぶった聖観音像ですが、かなり風化してしまっています。その左の板碑の文字は胎蔵界大日如来を示しています。その他に雨乞いの神を祀る「龍神堂」、江戸時代初期の遺構「大日堂」等があります。その板碑や石仏から右手に進むと、建物のそばに吉田大八の墓があります。正面に「吉田大八守隆墓」とあり、他には書かれておらず、大きな文字で書かれているため、見つけやすい墓碑です。右側に「藤原姓本國尾張生國出羽」と二行で書かれ、左側には「慶應四年戊辰六月十八日卒享年三十又七」とあります。

奥羽鎮撫総督府が奥羽に来ると、その先導役に任じられて庄内藩との開戦を避けるために苦労した吉田でした。しかし清川口で開戦となり、その後に天童陣屋が落城して天童の町の多くが焼失してしまいました。庄内藩では、その開戦の原因は吉田にあるとして、吉田の行方を捜しました。吉田にとって不幸だったのは、庄内藩の探索が厳しかったことに加えて、天童藩も含めて奥羽諸藩が同盟を結ぶ方向に動いたため、奥羽のどこへも逃げる場所がなくなったことでした。天童藩では、同盟参加の証として、吉田自刃を藩主織田信敏も含めた重臣会議で決定しました。

吉田は方々に隠れ場所を変えながら逃げ回りましたが、そのことで奥羽越列藩同盟内で藩が苦境に立たされていることを知り、閏四月二十九日（一八六八・六・十九）に自訴しました。山形城下に留め置かれましたが、この翌日には白河で大激戦が行われるなど、奥羽諸藩の関心は、吉田から移っていました。仙台・米沢の兵はすでに山形を去っていたので、吉田の身柄は、天童に移されることになりました。その途中で、天童藩士による吉田奪還計画もありましたが、庄内藩との関係を考えて中止となり、予定通り吉田切腹が行われました。

自刃はすでに覚悟していたことでしたが、心残りはその理由で、自分は出羽の平静を願うのであって、戦乱を起こさせたという嫌疑は事実無根であると説明しました。同盟参加による、戦線の拡大と藩の行く末も心配していました。そして六月十八日（一八六八・八・六）観月庵で切腹しました。

観月庵は、佛向寺を出て右に二百メートル程進んだ妙法寺にあります。現在は建て直されていて当時の建物ではありませんが、ガラスケースに吉田の肖像や塑像、掛軸・書簡・陣笠を始めとして所縁の品々が展示されています。また正面には「吉田大八守隆靈位」と書かれた位牌があります。切腹の時に、吉田の血が天井にまで飛んだと言われていますが、その一部を改装後も「血染めの天井」として残しています。近くの天童城跡である天童公園には、平成十七年（二〇〇五）に悲劇の藩士として銅像も建てられました。

五丁目橋

秋田県秋田市大町

　ＪＲ秋田駅を西口に出ると、その先に二階の通路が伸びていますが、一階に下りて左に進みます。すぐの信号を右に折れて、さらに一本目を左に折れて進みます。三百メートル程進むと右側に公園があり、「砲術所跡」の標柱があります。砲術所の母体は、吉川忠行が創立した私塾惟神館で、国学と西洋技術を伝えていました。慶応二年（一八六六）に藩は兵学部門を中心として砲術所を開設しました。吉川は平田篤胤に師事していました。

「砲術所跡」からさらに進むと、百メートル強で南大通りに出ます。右に折れて南大通りを進むと、五百メートル程先の右側の歩道に「旧亀ノ丁新町」の標柱があります。この辺りに雷風義塾がありました。以前は「雷風義塾址」の石碑がありましたが、現在は無くなっています。惟神館の国学部門を、惟神館国学教授であった小野崎通孝・通亮親子が継ぎ、自宅に開いた私塾が雷風義塾で、藩論を左右する程の影響力を持つようになりました。

さらに二百メートル程進んだ左側には平田篤胤終焉の地があります。秋田は平田の誕生地でもあり、終焉地でもあり、そのため平田の影響を受けた藩士が多く、勤皇色の力の強い藩でした。このことが奥羽越列藩同盟の大きな誤算になってしまいました。

平田終焉の地からさらに三百五十メートル程進むと、旭川に架かる五丁目橋があります。現在の橋は平成十年（一九九八）三月に完成した新しい橋で、白い石の壁の前には白い小さな聖観音像があります。壁と手すりの狭い場所にあるのが、少々残念な気がします。その台座の側面には「秋田戊辰の役に先立つ慶応四年七月四日この地に殉難した仙台藩士の供養と川反をこよなく愛した先人の慰霊として建立す」と三行で刻まれています。この像は、平成十二年七月四日に川反先人慰霊秋田委員会が建てたもので、新旧暦の違いはありますが、七月四日は仙台藩士の命日です。

遡ること二ヶ月以上前の閏四月下旬から奥羽鎮撫総督府は最悪の時期でした。庄内征討に向かった副総督沢為量・下参謀大山格之助でしたが、清川口で庄内攻略に失敗し、逆に天童を落とされました。副総督府は新庄へ退却し、秋田に退き、さらに津軽に北上することを考えました。しかし、入国を拒まれたため、大館・能代で一ヶ月以上を費やしました。一方の総督府は、世良修蔵が暗殺された後には総督九条道孝は仙台で、参謀醍醐忠敬は岩沼で軟禁状態にありました。それを打開したのは新たに奥羽にやって来た肥前・小倉兵とその参謀佐賀藩士前山清一郎でした。前山は仙台藩と交渉して、肥前・小倉兵の護衛で総督府転陣を認めさせました。これによって、総督府は軟禁状態から脱して、北に向かうことができました。列藩同盟側としては、大きな失態と言えます。五月十八日（一八六八・七・七）に仙台を発し、盛岡を経て七月一日（一八六八・八・十八）に秋田に入りました。能代を出ていた副総督府もこの日に秋田に入り、総督府は三ヶ月半ぶりにひとつになりました。

そこからの総督府の巻き返しは激しいもので、揺れ動く久保田藩に圧力をかけました。一方、久保田藩の動向に危機感を持っていた列藩同盟からも詰問の使者が秋田に入っていました。久保田藩では二者択一の選択を迫られることになりましたが、容易に藩論を統一することができず、評定奉行鈴木吉左衛門が苦悩のあまり自害する程でした。

事件が起こったのは、七月四日のことでした。勤皇色の強い久保田藩に危機感を持っていた仙台藩は、詰問の使者として志茂又左衛門らを派遣しました。志茂ら列藩同盟の使者は、ここから七百メートル程離れた茶町扇の丁（現在の大町三丁目）の幸野屋と仙北屋に宿泊していました。ここを砲術所や雷風義塾の勤皇派藩士が襲撃しました。志茂ら六人を斬殺して、首を五丁目橋に晒しました。残りの五人は獄に投じ、十四日に斬首としました。仙台藩士と共に新庄藩士・相馬藩士もいましたが、新庄藩士は新庄に返されました（相馬藩士は不明）。下参謀の大山が、勤皇派藩士を「そそのかした」と言われています。久保田藩は正式に同盟を離脱し、同盟に対して宣戦布告を表明した出来事で、以後は奥羽鎮撫総督府軍として戦うことになりました。

舟形口古戦場

山形県最上郡舟形町舟形

「舟形町観光物産センターめがみ」という施設と直結したJR舟形駅を出て、正面に進みます。二百メートル程進むと国道一三号線に出るので、この国道を左に進みます。四百メートル程進むと小国川に架かる舟形橋があり、それを渡り切るとすぐ先で左前方に延びる道があります。これが羽州街道の旧道で、これを進みます。この旧道に両側から高台が迫る辺りが戊辰戦争で舟形口合戦の戦場となった場所です。国道から旧道に入った三叉路から四百五十メートル程の左側、民家の間に古戦場を示す石碑が立っています。

昭和六十一年（一九八六）十二月に建てられたもので、「戊辰戦争　舟形口合戦古戦場」とあります。その横には明治十七年（一八八四）八月に建てられたもので、ここより一丁（約百九メートル）の所に「官軍長州藩大野坂次良」の墓があることを示す石碑があります。直線距離では百五十メートル程の所に大野や新庄藩士三名の墓がありますが、小川やJRの線路のために大きく迂回することになり、七百メートル程歩くことになります。

四月下旬の清川口での戦いでは、鎮撫副総督府の本営は勤皇色の強い新庄に置かれていました。しかし、一ヶ月程たって奥羽越列藩同盟への動きが出てくると、副総督府にとって新庄は安心できる地ではなくなりました。仙台・米沢の兵が北上し、それまで「官軍」として庄内軍と戦っていた上山・山形・天童の兵も「官軍」に向かってくる危険が出てきました。さらに本営を置いている新庄藩ですら、同盟に同調する者が力を持ち、副総督府は孤立無援となり、秋田への北上を決定しました。秋田が安全な地であるかどうか分からないままの決行になりました。その結果、新庄から副総督府勢力はなくなり、新庄藩も列藩同盟賛成派の力が強くなり、今度は同盟軍として出兵することになりました。

久保田藩が列藩同盟を離脱したため、秋田にあった鎮撫総督府は軍勢の南下を決めました。七月十日（一八六八・八・二十七）に国境近くの横堀で兵を三手に分けて南下し、十一日に同盟軍を敗走させました。この時、新庄兵も同盟軍として出陣していましたが、一部の藩士以外は消極的であって、ほとんど戦いませんでした。それより前に、秘かに使者を派遣していて、内応の話ができていたようです。久保田藩のように大藩ではない新庄藩には、鮮明に列藩同盟離脱を明らかにすることは危険でした。今度は同盟軍との戦いを恐れましたが、総督府軍との戦いに敗れて退却したため、新庄藩に関わる余裕はなく、城下で戦闘は起きませんでした。

　そうなると新庄藩が次に恐れたのが、北上してくる庄内軍でした。その庄内兵は、「鬼玄蕃」と呼ばれて恐れられた酒井吉之丞率いる第二大隊でした。それに十一日に敗走した同盟軍の一部が加わって舟形から北に向かい、新庄から南下してきた総督府軍と対峙しました。総督府軍の先鋒は新庄兵で、その後方に薩摩・長州兵がいました。戦いは十三日、小国川を挟んで庄内兵と新庄兵の銃撃戦により始まりました。酒井は銃撃戦で新庄兵を十分に引き付けさせて、その間に右翼隊を小国川の上流で渡河させて、新庄兵の背後の高台に回り込ませました。予期せぬ敵の出現に、新庄兵は混乱しました。さらにその後方にいた薩摩兵も味方だと誤認する有様でした。薩摩兵と激しい銃撃戦になり有利な態勢ができると、酒井は正面の庄内兵に前進を命じ、小国川を渡らせ、総督府軍に攻めかからせて敗走させました。

　夕方になると援軍で白河方面に展開していた庄内軍の第一大隊が第二大隊に合流し、翌十四日に北上しました。第一大隊は羽州街道を北上し、鳥越で総督府軍の反撃を受けて後退しました。その間に第二大隊は新庄の南西から進んで、方々で新庄兵と交戦して撃破し、新庄に迫りました。しかし、新庄藩主戸沢正実自ら出馬するなど新庄兵の応戦も激しいもので、酒井が抜刀して味方を叱咤激励するなどして戦い、夕方になって新庄城を陥落させました。城門には「開城」と書かれた紙が貼られていたと言います。この時、城下の大部分は焼失し、城も焼失しました。庄内兵が総督府軍を追って北上する形になり、戦いの舞台は、久保田藩領へと移っていきました。

三崎山

秋田県にかほ市象潟町小砂川三崎内・山形県飽海郡遊佐町吹浦

ＪＲ小砂川駅を出ると少し先に旧国道が走っています。これを左に進むと、途中で国道七号線と合流し、駅から二キロ程の右側に三崎山旧街道を示す木柱が立っています。鳥海山からの溶岩が海に流れ込み、その後の浸食で切り立った崖が出来上がり、北から観音崎・大師崎・不動崎の三つの岬があることから三崎山と言われました。ここを境として、北が秋田県、南が山形県になっています。現在は三崎公園になり、鳥海国定公園の一部になっています。公園には芝生広場をはじめとしてキャンプ場・アスレチック遊具などがあり、また遊歩道や見晴台が整備され、雄大な日本海も見られます。また、山形県の天然記念物になっているタブ林もあります。

旧道を進むと、松尾芭蕉の文字も見られます。元禄二年（一六八九）の「奥の細道」の旅では、南からここを通って象潟に入りました。旧道は起伏が険しく、箱根よりも難渋するとも言われ、日本海側の難所の一つです。さらに進むと一里塚の跡があります。ここの一里塚は、榎が植えられた珍しいものでした。一里塚跡からさらに進むと、大師堂があります。千二百年程前に慈覚大師がこの地に来ましたが、この時には道が無く、不便に思ったために地元民の協力を得て道を完成させました。その間に教えを説き、この地を去るに当たって大師を慕う人々のために、自分の像を彫り、自分の身代わりとして大師堂に納めたのが始まりと言われています。大師堂付近には五輪塔が散在していますが、この中には慈覚大師当時のものもあります。

昭和四十三年（一九六八）に建てられた「戊辰之役三崎山古戦場戦没者供養寶塔由来」の石製の説明板もあります。大正三年（一九一四）九月、酒田市内の日新上人が吹浦にやって来て二週間程滞在し、三崎山に散在する粉骨を拾い集めました。拾い集めた大量の遺骨を酒田市内で供養し、翌年秋の彼岸にこの地に供養塔を建てました。その供養塔は、大師堂背後の高台にある「南無妙法蓮華教」と刻まれたものです。また、国道の脇には昭和四十年に建てられた「明治百年記念戊辰之役戦没者顕彰碑」と書かれた石碑があります。

三崎公園から、さらに南に進むと、国道の左側に豊間源之進の墓への入口を示す標柱があります。豊間は久保田藩の勤皇藩士で、同志と共に平田篤胤の国学を教授する雷風義塾を設立しました。そして七月四日（一八六八・八・二十一）の仙台藩使者襲撃にも加わりました。その後、久保田藩の有志隊副隊長として戦いに参加しました。

この地では、慶応四年の春と秋の二度戦いがありました。春の戦いは、閏四月十九日（一八六八・六・九）から二十三日で、奥羽での戦いの初期で、奥羽鎮撫副総督の命令で久保田藩が南下して、追討の対象になっている庄内藩を攻めた時でした。この時は、会津・庄内救済のために仙台・米沢藩が中心となって動いていた時期で、あまり積極的な戦いになりませんでした。そして、奥羽越列藩同盟への動きが加速すると、戦いは自然消滅していきました。

秋の戦いは、久保田藩が奥羽越列藩同盟を離脱して、久保田藩とそれに呼応した亀田・本荘・矢島の由利諸藩や肥前藩を主力とする応援軍が南下して始まった戦いでした。春の時とは違って、今度は奥羽諸藩の多くが庄内藩側にいました。

戦いが始まったのは七月十三日早朝で、亀田兵が幕府からの預かり地であった小砂川を守る庄内兵を発見して銃撃しました。庄内兵は守り易い三崎山に退却しました。その後も、総督府軍は三崎山攻略に南下しましたが、三崎山を落とすことができずに十五日が終わりました。十六日になって、総督府軍は三崎山を背後から攻撃することを考え、迂回して南下しました。一時は南方の女鹿を占領しましたが庄内兵の反撃は厳しく、三崎山は相変わらず落とすことができず、総督府監軍山本登雲助は小砂川への退却を決めました。総督府軍は観音森等一部を占領していましたが、この退却で戦いが無駄になってしまいました。この戦いは、総督府軍の南下によって起こった戦いでしたが、これ以後は庄内兵が積極的に進軍し、戦場も北上していきました。

八丁沖古戦場
新潟県長岡市富島町

ＪＲ北長岡駅を出て正面の道を右に進みます。六百メートル程進むと、信号のある開けた所に出るので右に折れて進みます。途中から県道八号線になる道で、二・七キロ程進むと富島町の交差点があります。この辺りから八丁沖古戦場パークへの標識があります。左に折れて三百メートル程進み、再び左に折れて百五十メートル程進み、さらにもう一度左に折れてすぐの右側に公園になっている八丁沖古戦場パークがあります。

入口には平成二年（一九九〇）に長岡市が建てた「戊辰史跡案内標柱　八丁沖古戦場記念碑」があります。公園に入ると「八丁沖古戦場」の石碑や戦いの説明碑があります。また八丁沖渡河の時に河井継之助が旧諏訪神社境内で使用したと言われる手洗鉢もあります。八丁沖古戦場の石碑の背後はのどかな田園風景が広がっていますが、当時は百足・大黒辺りから南は富島・亀貝に及ぶ東西約三キロ、南北約五キロの広大な沼地でした。

富島町の交差点の手前を左後ろに入っていくと百メートル程で右側に日光社があります。道路の脇には「戊辰史跡案内標柱　長岡藩士鬼頭熊次郎の碑」が立っています。境内に牧野家十五代の子爵牧野忠篤篆額によって大正五年（一九一六）四月に建てられた石碑があります。同じ忠篤書による「長岡藩中川文蔵戦死地碑」も境内で目に付きます。

五月十九日（一八六八・七・八）に奇襲を受けて、長岡城は落城しました。朝日山など長岡周辺で戦っていた長岡・会津・桑名の兵は加茂の本営に集まり、長岡城に諸藩会議所を置く西軍と対峙しました。対峙は二ヶ月以上にも及びましたが、その間に東軍には列藩同盟の庄内・米沢・上山などの兵が新たに応援として加わり、列藩同盟軍として軍議を持ちました。一方西軍も西国諸藩に増援部隊を募り、兵力の拡大を図りました。この二ヶ月の間、膠着状態にありながら、東西両軍ともに兵力は拡大し、各所で戦いが行われました。河井率いる長岡兵ら東軍は六月二日（一八六八・七・二十一）に今町（見附市）の戦いで勝利し、戦線を長岡に近づけました。さらに長岡市の北部の大黒・福井周辺や森立峠で戦いが行われ、長岡城奪還の準備が整い、河井が立案する八丁沖渡河が準備されました。八丁沖は大沼沢地で、魔物が住み、一面背丈程の葦が茂って昼間でも薄暗く、中央部は底なし沼になっていると言われていました。河井は、この沼を強行渡河して長岡城を奇襲する作戦を立てました。

この時に活躍したのが鬼頭熊次郎です。熊次郎は三十二石の長岡藩士の家の次男でした。当主は兄でしたが、家は貧しく、熊次郎は山で薪を取り、八丁沖で魚を捕って家計を助けていました。一年の三分の一は、沼のほとりの小屋で寝泊まりしていました。八丁沖をよく知る熊次郎に河井は協力を求めました。熊次郎は魚を捕るふりをして浅瀬の位置を調べ、必要に応じて沼底に板を敷いて、その道の地図を作る等して、その時に備えました。

七月二十四日（一八六八・九・十）午後七時頃に見附を出発し、九時頃に八丁沖北端の四ツ屋村に到着、ここから八丁沖へと入っていきました。長岡兵約七百が二キロにも渡る長蛇の列となって、粛々と進みました。六時間程をかけて渡り、翌二十五日午前四時頃に上陸予定地の富島村に各隊が集まりました。そして薩摩兵の守る堡塁を奇襲しました。この戦いで、道案内を務めて先頭にいた熊次郎は、銃弾を受けて戦死してしまいました。

奇襲を受けた薩摩兵は立ち直ることができずに敗走し、これを追うように長岡兵は城下に迫りました。長岡城下にいた薩摩・長州・松代・加賀兵の西軍は、敗走してきた薩摩兵と共に混乱状態で散り散りになって敗走しました。神田町にいた山県有朋は小千谷へ、会津征討越後口総督府参謀の西園寺公望は関原へと、文字通りばらばらに逃げました。舟が足りずに取り残された者もいました。しかし、この日の戦いで、河井が左足の膝下に銃弾を受けてしまい、長岡城は奪還したものの河井の負傷は士気を低下させました。

西軍の反撃は速く、二十七日には三国街道沿いの十日町村が放火され、二十九日には長岡城は再び落城し、河井は会津を目指して落ちて行きました。

大隣寺

福島県二本松市成田町

　ＪＲ二本松駅の駅舎を出て正面に進むと百五十メートル程で県道三五五号線にぶつかります。ここを左に折れて七百メートル程進むと若宮の交差点があります。ここで左に折れて六百五十メートル程進むと大壇口の古戦場があります。交差点を折れずにそのまま進むと、三百五十メートル程で成田町の交差点があり、ここを右に折れます。二百五十メートル程進むと大隣寺入口の交差点があり、これを左に折れて百五十メートル程進むと左側に曹洞宗の巨邦山大隣寺があります。

　丹羽氏二代の丹羽長重は、寛永四年（一六二七）に白河に転封となると、越前から融法全祝大和尚を招いて、初代の父長秀の菩提を弔うため大隣寺を建立しました。三代光重が二本松に転封となると、大隣寺も二本松に移され、藩主の菩提寺となって寺領百余石を受けました。寺号の「大隣」は、初代長秀の法名「総光寺殿大隣宗徳大居士」に由来するものです。移転・改築が行われ、現在の本堂は文化八年（一八一一）

に完成したものです。寺紋は、丹羽家の家紋である「違棒」が許されている、格式の高い寺院です。戊辰戦争後には、藩主の謹慎所や藩庁仮事務所・藩校などにも使われました。

道から境内に向かうと、まず石段があります。その脇に二本松少年隊の副隊長二階堂衛守と隊士岡山篤次郎の戦死の地を示す石碑があります。石段を上った所が山門の跡で、奥の正面に本堂があります。本堂の左には御霊屋、右手前には経蔵などの建物があります。

そして左手前には二本松少年隊の墓地があります。正面に大きな「戦死群霊塔」があり、その左右に昭和七年（一九三二）四月に建てられた供養塔が九基ずつあります。中央から八基ずつには戦死者の氏名が一名ずつ書かれています。中央の群霊塔のすぐ右側は隊長の木村銃太郎、左側は副隊長の二階堂の名があります。一番外側の二基には「出陣少年隊勇士連名」として合計四十二名の名があります。そして少し離れた所には会津・仙台藩の戊辰戦役供養塔もあります。

本堂の裏手には藩主丹羽家の霊廟があります。九代藩主（二本松転封になった光重を初代として）長富の墓があり、その先に「内室陰墓・家族之墓」と書かれた石碑と何基かの墓碑があります。側室の子が藩主になると、幕府には正室の子として届けられたため、生母であっても「陰」の存在になり、死んだ後も墓を建てることが許されず、子は陰ながら供養しました。これが「陰墓」で、悲しい身分制の名残です。この内室陰墓・家族之墓の先に歴代藩主の墓があります。正面に三基、左側に四基があります。初代光重と三代長之から八代長祥のものです。

六月十六日（一八六八・八・四）に平潟に新政府軍が上陸し、次第に兵力を充実させて同盟軍の拠点を攻撃しました。泉陣屋・湯長谷陣屋が占領され、激しい攻防戦の末に平城が陥落し、三春藩・守山藩が降伏しました。三春藩は二本松侵攻の先導も務めました。

七月二十九日（一八六八・九・十五）に新政府軍は大壇口と供中口から二本松城下に迫りました。大壇口には大壇口守備隊が配され、その大砲方に砲術師範であった銃太郎や副隊長二階堂に率いられた二十五名の少年がいました。激戦の末、薩摩兵が攻略しましたが、隠れていた二人の二本松藩士に十人程が斬られて一時退却するということも起こりました。隊長であった野津七次（後の道貫。陸軍大将、元帥）も負傷して、その後の会津戦争には参加できませんでした。古戦場には、この青山助之丞・山岡栄治の二勇士の碑や道貫の歌碑、銃太郎戦死の地を示す石碑があります。

現在は「二本松少年隊」とか「少年隊」と言われますが、当時にはそのような隊名はありませんでした。会津の白虎隊のように正式に編制されたものではなく、戦いが始まった後に慌てて各隊に配属したものでした。隊として行動したのは大壇口の戦いぐらいでした。そのため人数もはっきりとしていません。「二本松少年隊」の名が付いたのは、大正六年（一九一七）の戊辰戦没者の五十回忌法要がきっかけでした。人数もこの時には二十五名でしたが、五十一名、五十九名となり昭和十五年に六十一名になり、現在は六十二名です。ここにも白虎隊同様、少年達の悲劇がありました。

二本松城

福島県二本松市郭内

ＪＲ二本松駅を出て、正面に進みます。百五十メートル程進むと二本松神社に突き当たるので、ここを右に折れて県道一二九号線を百メートル強進みます。久保丁坂入口の交差点がありますが、城下町らしく食い違いの交差点になっています。ここを左に折れると久保丁通りで、百五十メートル程進むと大手門跡があります。その先には少年隊の小沢幾弥最期の地を示す石碑があります。幾弥は師朝河八太夫と出陣し、共に重傷を負いました。朝河を背負って退却しましたが、この地で朝河の死を知ったため土に埋め、その後土佐兵と遭遇し、介錯を頼んで絶命しました。

さらに六百五十メートル程進むと、左に城郭の一部が見えてきます。左に折れずにそのまま進むと、昭和十年（一九三五）に国の指定史跡になった戒石銘碑があります。五代藩主丹羽高寛が藩士の戒めとするために刻ませたもので寛延二年（一七四九）に完成しました。藩庁前にあった長さ約八・五メートル最大幅約五メートルの自然石に、藩政改革と綱紀粛正の指針を示した四句十六文字が刻まれています。

箕輪門の前には少年隊士の像があります。昭和五十七年に復元された箕輪門・二階櫓・多門櫓へ進むと、石段の途中左側に「大城代　内藤四郎兵衛　戦死之地」の石碑があります。箕輪門から先は、二本松の菊人形の会場として有名な霞ヶ城公園として整備されています。標高三百四十五メートルの白旗ヶ峯の山頂に本丸が置かれていました。その石垣発掘調査が平成三年（一九九一）から行われ、その結果などから修築・復元が行われ、七年六月に天守台を始めとした立派な本丸石垣の復元が完成しました。その天守台のすぐ横には城代丹羽和左衛門・勘定奉行安部井又之丞の自刃の地を示す石碑が立っています。本丸に登る途中にも家老丹羽一学・城代服部久左衛門・郡代丹羽新十郎自刃の地を示す石碑があります。本丸から西に下りて行くと、少年隊の丘があります。戊辰戦争直前に少年達が鉄砲の稽古をした場所で、「二本松少年隊顕彰碑」や戦いを描いたレリーフ碑が建てられています。その他にも日陰の井戸、智恵子抄詩碑、土井晩翠歌碑、福島県指定文化財になっている江戸時代の建物で城内に唯一残る茶室洗心亭、二本松市指定文化財の樹齢三百年の傘松などが公園内にあります。

二本松城の築城は古く、室町時代中頃の応永二十一年（一四一四）のことだと言われています。奥州探題に任じられた畠山氏が築城しましたが、戦国時代になると伊達政宗と戦い、天正十四年（一五八六）に降伏し、二本松城は開城、畠山氏（二本松氏）は滅亡しました。その政宗も、豊臣秀吉に降伏すると、二本松城は会津若松の支城となって城代が送られてきました。落ち着いたのは寛永二十年（一六四三）で、織田信長の重臣丹羽長秀の孫光重が転封されてからでした。これ以後、明治維新まで丹羽家十万石の居城になりました。

白河を確保している新政府軍は、その一部を板垣退助が率いて棚倉に向かい、これを落とし、さらに北上して三春に進軍しました。平潟に上陸した新政府軍は泉・湯長谷を占領し、激しい戦いの末に平城を落として、三春に向かいました。三春で合流した新政府軍は、さらに北上して二本松に向かいました。板垣率いる薩摩・佐土原・土佐・彦根の兵は大壇口から、平潟から来た大村藩士渡辺清左衛門率いる薩摩・長州の兵は供中口から城下に迫りました。大壇口では、木村銃太郎ら少年兵の奮戦や青山助之丞・山岡栄治二勇士決死の斬り込み等が行われていました。

戦いが始まったのは供中口の方が早く、ここを守るのは二本松藩士三浦権太夫に率いられた農兵でした。三浦は「官軍」を攻撃できないし、藩命に背くこともできないと、矢じりをはずした矢を射た後に自刃してしまいました。城下に突入したのは、供中口の渡辺隊でした。藩兵の多くは国境に出ていて、本城付近に残る者は少数でした。

農兵・老年兵・少年兵を出動させての戦いになりました。藩主長国とその家族はすでに米沢に落ち、降伏・開城を拒んだ重臣は文字通り徹底抗戦の構えでした。そして七月二十九日（一八六八・九・十五）正午頃、大城代内藤四郎兵衛は二本松城に火を放たせ、自刃しました。

色部長門の墓

新潟県新潟市中央区関屋本村町

ＪＲ新潟駅を万代口に出て、正面の県道三三号線を一キロ程進むと、信濃川に架かる長さ三百メートル程の万代橋があります。これを渡り切った所で左に折れて、川沿いのやすらぎ通りを一キロ程進むと、昭和大橋を通る県道一六四号線が上を走っています。右に折れて県道に入ると、左側には明治六年（一八七三）の太政官布告によって日本で最初に造られた公園の一つがあります。旧新潟県会議事堂の新潟県政記念館を始め新潟市民芸術文化会館・県民会館・市体育館・陸上競技場などの施設があり、また池・花木・遊具・石碑があって市民の憩いの場になっています。

県道は途中から国道一一六号線になりますが、そのまま進むと、一・八キロ程で関屋田町の交差点があります。その手前右側の角に戊辰公園という小さな公園があり、申し訳なさそうに子供用の遊具があります。その奥に、篆額が十四代上杉家当主上杉憲章により昭和七年（一九三二）に建てられた「色部長門君追念碑」があります。ここが、米沢藩家老色部長門最期の地です。そんなことは知ったことではないと、子供達が遊んでいました。

関屋田町の交差点から右に折れて、戊辰公園の横の道を進むと、すぐに新潟高校に突き当たります。そこを左に折れて進むと、二百メートル程の右側に浄土真宗大谷派の妙定院念佛寺があります。境内を進むと正面奥に本堂があります。本堂の左側には広い墓地があります。墓地の入口から入り、ほとんどまっすぐに進んだ突き当たり少し手前、通路の右側に西を向いて長門らの墓があります。その横には「遺跡　色部長門遺念碑」と書かれた木柱があり、説明板もあるので見つけやすいと思います。しかし、その墓石は小さく、しかも文字が読みづらく、写真を撮ってもはっきりとしません。よく見ると、「戦死四名供養墓」と書かれています。

西軍は新発田藩の同盟離反を信じて七月二十五日（一八六八・九・十一）に新潟の北東の松ヶ崎付近に続々と上陸し、西に向かいました。新発田藩は勤皇色が強く、米沢藩との間に溝があったため、北陸鎮撫総督府に同盟離脱の使者を内々に送っていました。新発田藩兵は上陸部隊を新発田城に誘導したり、銃撃戦では空砲を撃ったり、寝返りは事実になりました。上陸部隊が西に向かう途中で、偶然に庄内兵の一団と遭遇し、抗戦することになりました。この中に庄内藩家老の石原倉右衛門がいました

（石原はこの時に戦死）。新潟では仙台・会津・米沢・庄内の兵が応戦しましたが、多勢に無勢でもあり、海からの艦砲射撃もあり、次第に後退していきました。二十七・二十八日は信濃川を挟んで砲撃戦となり、西軍は二十九日を新潟総攻撃の日としました。早朝、西軍の信濃川渡河に始まりました。最左翼の左翼迂回隊、続いて白山公園付近に左翼隊が、さらに右翼隊、中央隊が渡河し、市街戦が各所で行われました。東軍は退路を断たれる危険から早々と離脱を考えていましたが、なぜか米沢兵は徹底抵抗しました。上杉謙信以来の「越後」に思い入れがあったのかもしれません。

長門は銃弾を受け重傷、現在の戊辰公園付近のナス畑で自刃しました。その後、長門の家臣は首級を持って逃げましたが、逃げ切れなくなると、それを隠すことにしました。それを知った関屋の庄屋斎藤金兵衛は、ひとまず念仏寺に隠し、戦いが終わった後に長門と長門の首級を守って付近で戦死した三名の家臣を供養しました。もちろん西軍の目を憚って、墓石は小さく、長門らの名前も刻まれませんでした。

後に斎藤家から知らせを受けた米沢の色部家では、十一月に嫡男弥三郎らが塩漬けになった長門の首級を受け取りに来ました。胴体の方は、長門の宿舎であった光林寺に移されていて、そこに埋葬されていましたが、これも弥三郎が米沢に運びました。

この七月二十九日という日は、列藩同盟にとって最悪の日とも言えます。この日は二本松城が落城した日でもあり、また長岡城が再落城した日でもあります。そして、この新潟港を失ったということは、同盟側が確保していた地域から貿易港を失ったということで、これ以後外国からの武器の買い入れが困難になりました。

茂木氏墓地
秋田県大館市十二所荒町

ＪＲ花輪線を無人駅の十二所駅で降ります。背後の台地に茂木氏墓地があります。線路の先に十二所城代茂木氏墓地への案内があります。そちらに進むと道は自然に台地に登って行きます。道なりに進んで行くと、視界が開け、そこに平成元年（一九八九）に十二所史蹟保存顕彰会と十二所自治会が立てた説明板があります。

茂木氏は清和源氏の流れを引く名門で、初祖八田知家は源頼朝の異母弟になります。二代知基が茂木姓になり、慶長七年（一六〇二）に十八代治良が佐竹義宣に従って秋田に入りました。二十代知恒が天和三年（一六八三）に十二所所預としてこの地に来て、明治二年（一八六九）に三十代知端が版籍奉還で解任されるまで、茂木氏が所預を務め、南比内の治政に当たりました。「十二所城代」と説明板等で見られますが、慶長二十年（一六一五）の一国一城令によって十二所城は廃城になり、その後は代官所になり、正確には「城代」も「所預」となりました。

ここには二十三代知暢から三十一代知繁までの墓があります。三十代の知端は、十二所最後の所預であり、戊辰戦争で戦った人です。その墓碑は「源姓　茂木知端之墓」と大きく書かれ、名前の右に「明治三十四年八月三十一日」、左に「享年五十三」とあって分かり易いです。さらにその前に「第三十代」と「十二所十代」と二行で書かれ、その下に「知端公」と書かれた石碑があります。他の多くの墓碑は法名で書かれていますが、この石碑があるために、その主がよく分かります。

また、この墓地には茂木氏のみではなく、家臣の墓もあります。「官軍」、「秋藩」と二行で書かれ、その下に「塩澤主鈴之墓」と書かれたものがあります。名前の右側には「昭和四年」とあります。他にも扇田で戦死した川連豊吉や小島桂の墓があり、「官軍」や「秋藩」の文字が見られます。

駅舎を出て少し進むと信号のある道に出ます。ここを右に折れて進むと、三百メートル程で十二所公民館があります。敷地内に寛政五年（一七九三）に創立された郷校成章書院を示す石碑があります。成章書院は、郷校と言っても久保田藩校明徳館の申し渡しによって創立されたものです。ここが茂木氏の居館「再来館」のあった場所と考えられています。発掘調査で建物跡や溝・井戸・門の跡などの遺構が見つかり、陶磁器類・木製品・銅銭などの遺物も発掘されています。

奥羽での戦いは五月に入ると、奥羽越列藩同盟が成立するなど本格化しましたが、盛岡藩は、どこの藩でもあることですが、列藩同盟支持派（佐幕派）と新政府支持派（勤皇派）に分かれていました。決定は藩主南部利剛の従弟でもある家老の楢山佐渡が京都から戻るのを待ってからということになりました。七月になっても会議では決まりませんでしたが、佐渡が京都から戻ると鶴の一声で秋田出陣が決まりました。奥羽越の方々で状況が不利になっている八月になって、久保田藩の同盟離反を名目に、盛岡藩は宣戦布告をしました。現在は秋田県ですが、当時は盛岡藩領であった鹿角に兵を集め、八月九日（一八六八・九・二十四）に十二所口・別所口・葛原口・新沢口の四ヶ所から秋田を目指しました。

十二所口が本隊で、総督の佐渡が率いる五百余で進軍しました。午前八時頃から戦闘が始まりました。茂木兵と秋田から援軍に来た須田政之助率いる兵は三哲山で防戦したものの、盛岡兵の新式銃に対して旧式銃では防戦できず、一方的に押されて正午頃には十二所館に火を放って退却しました。

茂木・須田兵は退却しつつ、大館城に状況を知らせました。それを追って佐渡は大館から六キロ程の扇田に進んで、扇田神明社に陣を張りました。茂木・須田兵は大館からの援軍と合流して、盛岡兵と激戦になりましたが、ここでも敗れました。大館城の佐竹大和自らも出陣するなど、久保田兵の抗戦も激しいもので、一時的に押し返しました。しかし二十二日午前六時頃から大館城の攻防戦が始まり、一時間程で陥落しました。あっけない幕切れでした。しかし、盛岡藩の進軍もここまでで、鎮撫総督府下参謀の大山格之助は兵力を集中し、盛岡兵に向けたため盛岡兵はこれ以上進めず、この先は後退することになりました。

横手城跡

秋田県横手市城山町

　ＪＲ横手駅を東口に出て、左に伸びる県道三一号線を進みます。三百五十メートル程先で高架になっている道に当たります。右に折れてこの道を八百メートル程進むと、途中で横手市役所の前を通り、県道二七二号線になり、横手川を渡って突き当たります。ここで左に折れて五百メートル程進むと、横手病院があり、その先を右に折れて進むと百メートル程で突き当たります。その脇に横手公園の入口があります。

　横手公園は横手城跡を整備して造られた市民の憩いの場となっている公園で、駅からの途中でも時々、丘の上の横手城天守閣が見られます。横手川からの横手城は絵になる景色です。しかし、この天守閣は当時のものではなく昭和四十年（一九六五）に建てられたものです。さらに「天守閣式展望台」と言われることもあるようで、復元されたものではなく、模擬天守で、二の丸に当たる場所に立っています。それでも、横手市内を一望できる展望台として、横手市のシンボルとして人気があります。そして建物内には、郷土資料館として美術・工芸・陶芸品などが展示されています。

天守閣のある場所から一段下がった場所が武者溜で大手門跡や武者溜跡を示す標柱があります。その先の高台が本丸跡です。

この高台に登ると正面に秋田神社があります。天守閣（二の丸）から武者溜周辺は桜の時期などには多くの人がいますが、この本丸跡は静かなものです。秋田神社の手前には本丸跡の標柱や平成六年（一九九四）に建てられた「朝倉城跡」の石碑があります。朝倉城は横手城の別名です。秋田神社の向拝は、戊辰戦争の時に焼け残った表御門で造られたため、柱には当時の弾痕が残っています。この神社は明治十二年（一八七九）十一月に秋田市内の秋田神社から分社されたもので、祭神は久保田初代藩主佐竹義宣で、二十二年には佐竹義堯が合祀され、さらに大山祇神・三吉大神も合祀されました。

横手城の築城年代は諸説あってはっきりとしていません。鎌倉時代初期、正安二年（一三〇〇）、応仁元年（一四六七）頃とも言われています。戦国時代になると、この地を中心に小野寺氏が勢力を拡大し、豊臣秀吉からは所領安堵の朱印状を受けましたが、関ヶ原の戦いでは西軍に属したため石見国（島根県）津和野に配流になりました。慶長七年（一六〇二）に佐竹氏が秋田に入ると、横手の重要性を考えて伊達政宗の大叔父伊達盛重が城代となりました。その後須田氏三代・戸村氏八代が城代を務めました。元和元年（一六一五）の一国一城令で、支城は認められませんでしたが、久保田藩領には、大館城とこの横手城が例外的に認められました。

七月十三日（一八六八・八・三十）に酒井玄蕃が率いる庄内二番大隊が舟形で新庄兵を主力とする総督府軍を破り、翌日には一番大隊と協力して新庄城を陥落させました。その後、雄勝峠・院内などの各所で戦いながら北上し、横手に迫りました。味方の劣勢を聞いた総督府軍は横手の放棄を決定して撤退しました。横手城代の戸村大学はそれを潔しとせず、庄内軍からの降伏勧告を拒んで籠城しました。大学の父戸村十太夫は藩命により奥羽越列藩同盟に参加しましたが、同盟離脱したこの時になると調印の責任者として蟄居を命じられていました。それに対する抗議もあって、開城を拒否したとも思われます。

ここで戦いがあったのは八月十一日（一八六八・九・二十六）でした。戦いは夕方四時頃から始まり、一時間程後には庄内兵が城内に突入しました。大学は、死を覚悟しましたが、家臣に諌められて脱出を決めました。

この時の戦死者は庄内兵七に対して、横手兵は二十一でした。庄内兵が建てたこの二十一名の墓が近くの龍昌院にあります。元々は戸村家の菩提寺でしたが、ここで戦いの後に庄内一番・二番大隊合同での葬儀が行われました。城下から十四名の僧侶を集め、大きな角柱の墓標を建てました。正面には「慶応四年八月十一日　忠戦義士佐竹家名臣戸村氏忠士之墓」と書いたと言われます。現在は建て替えられ正面の一番上には家紋があり、その下に二行で「官軍　秋藩」、その下に「〇〇墓」と名前があります。

飯盛山

福島県会津若松市一箕町八幡弁天下

　ＪＲ会津若松駅を出て、正面の白虎通りを進みます。二キロ弱進むと、飯盛山入口の三叉路に突き当たります。左に折れてすぐ、右に入って行く道があります。両側には土産物屋等の店が並んでいます。その先には長い石段がありますが、石段を上るのがつらい人のためにスロープコンベアと呼ばれる「動く坂道」もあります。

　石段を上り切ると広場があります。左側に白虎隊十九士の墓があります。明治時代らしく、右から「いろは順」で並んでいます。西軍より埋葬を禁じられていましたが、村人によって近くの妙国寺に仮埋葬され、後にこの場所に移されました。現在のように整備されたのは明治二十三年（一八九〇）のことでした。その右側の三十一名の墓は、領内各地で戦死した白虎隊士の墓で、士中隊三名、寄合隊二十二名、足軽隊六名のものです。

　十九士の墓と反対に進むと、この地で自刃したが果たせず蘇生した飯沼貞吉の墓があります。この蘇生によって白虎隊士の最期が世間に知られるようになりました。ここには生前用意されていた遺髪が納められています。どれだけ仲間の元に帰りたかったことでしょうか。その先に鶴ヶ城を望む白虎隊士の石像や「白虎隊士自刃之趾」、「白虎隊殉難士各靈塔」があります。ここが自刃の地と言われ、ここからはるか先に鶴ヶ城が見られます。飯盛山にはこの他にも松平容保公弔歌の碑、会津藩殉難烈婦の碑、郡上藩凌霜隊の碑を始め何基かの石碑があり、さらに国指定重要文化財になっているさざえ堂や、白虎隊士の像が安置される宇賀神堂、戸ノ口原から飯盛山に引き上げた時に通ったと言われる戸ノ口堰洞穴、白虎隊を中心に戊辰戦争関係の資料が展示されている白虎隊記念館などがあります。

七月二十九日（一八六八・九・十五）に二本松城が落ち、八月に入ると相馬藩が六万石の小藩のみでは抗戦不可能と降伏を決定しました。戦線は会津藩境に近づきました。会津藩境は越後口・日光口・白河口・大平口があり、少ない兵力を十六の峠に布陣していました。攻める西軍でも、どこから攻めるべきか意見がいろいろありました。参謀の伊地知正治は最短ルートの母成峠、板垣退助は難所の少ない御霊櫃峠を主張し、最終的には最短ルートの母成峠越えに決まり、伊地知・板垣率いる薩摩・長州・土佐・佐土原・大村・大垣の兵三千が動き出しました。そして八月二十一日（一八六六八・十・六）に母成峠で戦い、これを突破しました。

藩境を越えると西軍は速く、猪苗代城や急流の日橋川に架かる十六橋を突破しました。西軍は、猪苗代城では頑強な抵抗があると考えていましたが、猪苗代城の守備兵は母成峠応援で出撃していて壊滅的な打撃を受けていたため、城と藩祖保科正之を祀る土津神社に火をかけて後退しました。十六橋は頑丈な石橋で解体に時間がかかったと言います。

二十二日には戸ノ口原に達し、会津兵と対峙しました。この会津兵の中に白虎隊士中二番隊もいました。藩主松平容保の護衛として滝沢本陣に出陣していた白虎隊士中二番隊三十七名にも援軍の要請がありました。雨の中、戸ノ口原に布陣していたと言われますが、この雨は「秋の長雨」から想像する「しとしと」降る小雨ではなく、台風の暴風雨だったようです。十九日に江戸を脱出した榎本艦隊はこの暴風雨に巻き込まれて被害を出しています。戸ノ口原では二十二日から二十三日にかけて戦いがあって、会津兵は敗走しました。

士中二番隊も退却し、飯盛山へ。ここから燃えている鶴ヶ城の姿を見て絶望して自刃したと言われていましたが、最近では燃えているのは城下で、まだ落城していないことは分かっていたと言われるようになりました。しかし、この状況では入城することは不可能で、捕虜になるならと自刃したという考え方が有力になってきました。

そして、飯盛山で自刃した人数も説がいくつかあります。飯盛山に「白虎隊十九士の墓」として十九基、蘇生した飯沼貞吉を加えた二十名とされてきました。明治になってから戸ノ口原で戦死した者も含めて、飯盛山自刃扱いにされたとのことで、本当に飯沼を含めた二十名が飯盛山にたどり着いたわけではないようです。

中野竹子の墓

福島県河沼郡会津坂下町光明寺東甲

　ＪＲ会津坂下駅の駅舎を出て、正面に延びる県道二二二号線を進みます。四百五十メートル程進んだ、県道二二号線の先、会津坂下町役場を過ぎた北裏通りを右に折れて三百五十メートル程進みます。途中には、会津坂下町指定重要文化財になっている楼門のある光明寺があり、その先に曹洞宗の虚空山法界寺があります。法界寺は室町時代の永享十年（一四三八）に創建された寺で本尊は宝冠釈迦如来坐像です。

　山門を入ると正面に本堂があります。本堂に進む途中の左側、本堂に向かい合うように中野竹子の墓があります。墓石には「小竹女子之墓」とあり、周りには「烈婦中野竹子女史之英霊」や供養碑・歌碑など何基かの石碑があります。寺宝として戊辰戦争でも使われた薙刀や遺墨が残されていて、毎年九月十日には墓前祭が行われています。

　また本堂の前、竹子の墓地と向かい合うように「慰霊　戊辰役殉難碑」があります。

昭和五十年（一九七五）八月十一日に小竹会が建てたもので、鳥羽伏見の戦いから鶴ヶ城落城までの間に会津坂下町出身の戦没者と東西両軍の坂下地区内での殉難者・自刃者の霊を追悼するために建てられたものです。会津・長岡・越前・高田・小倉・長州藩の名前があります。中には女性の名もあり、竹子の名もあります。

八月二十三日（一八六八・十・八）に西軍が会津城下に乱入すると、城下の方々で戦闘があり、悲劇が起こりました。飯盛山での白虎隊自刃、蚕養口での松平容保・定敬兄弟の別れ、そして西郷邸の二十一名の自刃などの悲劇が伝わっています。

会津藩士の家族の女性達の行動は大きく三つに分かれます。一つ目が、この西郷邸の人々のように、老人・子供らがいて、籠城すると足手まといになると考えて自刃した人々。自刃せずに運良く逃げ切った人達もいました。二つ目が鶴ヶ城に入城して、戦闘の手伝いをした人々。三つ目が、城には入らず、城外で戦闘に参加した人々です。もちろん、入城するつもりでいたが果たせず自刃したとか、入城したが戦闘の手伝いをするどころか男顔負けの戦闘をしたとか（代表は山本八重子）、いろいろな場合がありました。

城外で戦った典型が中野竹子らの娘子隊でした。ただ、元々は入城するつもりでいましたが、それが叶わずに城外で戦うことになり、後には入城して戦いました。西軍が城下に乱入すると、前藩主容保の義姉に当たる照姫の護衛のために城内に入ろうとしました。その照姫は会津坂下に避難していると知り、その後を追って会津坂下に向かいました。しかしこれは誤報で、照姫は鶴ヶ城にいることを知り、法界寺で泊まった後、再度鶴ヶ城を目指しました。越後口から引き揚げてきた家老萱野権兵衛に従軍を願い出たが断られ、それでも古屋佐久左衛門の衝鋒隊らと共に戦うことになりました。八月二十五日、ここから十キロ強先の柳橋付近で竹子らは薙刀を振るって奮戦しました。西軍は、会津兵の中に女性がいることを知り、生け捕りにしようとしました。しかし、その戦い方は激しいもので、とても生け捕りにできるものではありませんでした。生け捕りを諦めて銃撃したため、竹子は額（一説には胸）に銃弾を受けて戦死、首級を敵に渡さないようにと妹中野優子が死した姉を介錯しました（一説には農兵が斬ったとも）。首を持ち去り、娘子隊結成の地でもある法界寺に運び込み、墓を造ったと言われています。

娘子隊・娘子軍・婦女隊等と呼ばれるこの隊は、中野こう子、その娘竹子・優子姉妹、神保雪子、依田まき子・菊子姉妹、平田小蝶・吉子姉妹、岡村ます子ら二十名余がいました。しかし、前もって組織されていた隊ではなく、薙刀を得意とする女性が自然発生的に集まり、一団を成したものでした。そのため当時は隊名もなく、それを構成する人もはっきりとしていません。従って、隊士の顔ぶれにも多少の違いがあります。

竹子の辞世は

もののふの猛き心にくらぶれば
　数にも入らぬ我が身ながらも

で、この句が書かれた短冊を薙刀に結び付けて戦ったと言われています。

毛呂太郎太夫終焉の地

秋田県秋田市下浜長浜荒郷屋

無人駅のＪＲ下浜駅の駅舎を出ると、目の前を国道七号線が走っています。この国道を右に九百メートル程進むと、本敬寺前のバス停があり、その先を右に折れて細い道を進むと、すぐに突き当たります。ここが本敬寺です。越前の朝倉氏と蓮如との結び付きは強く、蓮如に帰依した朝倉道景（道受）は加賀国安宅に本光寺を建立しました。織田信長によって朝倉本家が滅びると、三代受敬は、この地に逃れて寺を建立しました。それが本敬寺で、そのため蓮如所縁の品々が寺宝として残っています。

境内を入って本堂に進むと、途中の十段程の石段の脇に平成十年（一九九八）に建てられた「松山藩士毛呂太郎大夫正孝戊辰之役長浜戰終焉之地」の石碑があります。「松山藩」と言っても愛媛県の松山でも、岡山県の備中松山でもなく、庄内藩の支藩であり、現在の山形県酒田市にあった藩です。九月十二日（一八六八・十・二十七）、毛呂太郎太夫は足軽隊長として松山兵を率いて庄内兵と共に神明山攻略に出陣し、長浜に進みました。村内で、久保田藩槍隊と遭遇し戦いになりました。突然のことで、接近戦になると鉄砲よりも槍の方が有利なようで、松山兵は敗走し、毛呂自身はこの地で戦死しました。

　毛呂の墓は、国道をさらに三百メートル程北に進み、民家の脇の細い道を左に入って行くとあります。毛呂の遺体は、新屋で晒し首になり、胴体のみ村人がこの地に埋葬したと思われます。また、駅を出て少し右に進んだ右手の山が標高一〇二・八メートルの高安森（高山・高安山）で、八月十八日の戦いはこの周辺で行われました。この中腹には台座に載った「戊辰戰役　長濱古戰場碑」の石碑があって木々の間で目立ちますが、その近くまでの目印はありません。

　庄内兵は四つの大隊で北上を続けていました。内陸部（東方）から一番、二番、四番、三番でした。山道口を進む一番・二番大隊は舟形口で勝ち、新庄城を落とし、さらに北上して横手城を陥落させました。仙台・一関・山形兵とも協力してさらに進軍して、花館を夜襲、雄物川を越えて刈和野に進出しました。刈和野は久保田城下まで直線距離で三十キロ弱の所で、さらにその先の椿台に進みましたが、総督府軍の反撃も熾烈なもので、ここより先に進むことができずに後退しました。

　日本海側の海道口の庄内兵は三崎山で総督府軍を破ると、四番大隊は標高二千二百三十六メートルの鳥海山を越えて矢島陣屋を奇襲して落としました。新徴組もこの軍にいて、奮戦しました。そして、落とした矢島陣屋に亀田藩の使者が来ました。亀田藩は先陣を務めるなど忠実に総督府の命令に従ってきましたが、特に総督府軍山本登雲助の態度が高圧的で、屈辱的な仕打ちがしばしばあったと、庄内藩に従うことに決定したものでした。

由利地方の三藩の内、矢島藩の陣屋を落とし、亀田藩は恭順、残るは本荘藩の本荘城で三番大隊がこれに向かいました。藩主六郷政鑑は籠城するつもりでしたが、総督府の厳命によって家族と共に秋田に退きました。これによって由利地方を制圧した庄内兵は本荘城を通り過ぎ、亀田城に入りました。亀田城で軍議が行われ、山道口の一番・二番大隊と海道口の三番・四番大隊の間が開いているということから四番大隊は東に進み、山道口と協力して雄物川を越えることになりました。三番大隊は、海岸線を北上して久保田城下に迫ることになりました。

三番大隊は八月十八日（一八六八・十・三）に長浜の南、羽川を攻撃して、守る久保田新田藩の兵を長浜に後退させました。長浜から久保田城下までは十キロ程なので、総督府軍の抵抗も凄まじいものでした。早くから洋式化していて元込め銃を全員が持ち、強力なアームストロング砲を有する佐賀藩が投入されていました。さらに海上には薩摩藩の軍艦春日丸があって、艦砲射撃が行われました。そのため、連戦連勝の庄内兵でしたが、長浜を抜くことはできずに、一進一退の膠着状態になりました。そんな中、改元されたばかりの明治元年九月十二日に羽後松山藩の毛呂が戦死する戦いがありました。本国に降伏・恭順の意見が出てきたため、この地が庄内軍北征の限界地域になりました。

鶴ヶ城

福島県会津若松市追手町

　ＪＲ会津若松駅の駅舎を出ると、目の前にはバス乗り場のあるロータリーがあります。その先百メートル程進むと中央通り国道一二一号線にぶつかるので、右に折れて国道を進みます。三百五十メートル程進んだ大町中央公園の手前の道を左に折れます。三百五十メートル程進むと甲賀町通りがあります。ここを右に折れて一・四キロ程進むと、鶴ヶ城の北出丸の前に着きます。その途中には、激戦地になった甲賀町口郭門跡や西郷頼母邸跡、内藤邸跡（白露庭）などがあります。ここの前には「会津戊辰戦争終結の地　泣血氈の誓い」という説明板があります。

　本丸には五層五階の天守閣があります。昭和四十年（一九六五）に外観が復元されました。平成二十三年（二〇一一）三月に屋根の葺き替えが四十五年ぶりに行われ、この時に黒瓦から赤瓦になりました。慶安元年（一六四八）頃に会津藩藩祖保科正之が赤瓦に葺き替えたことが記録に残っているためです。表面に釉薬を使い焼いた赤瓦は強度があって、冬の厳しい寒さや凍結に耐えられるとのことです。天守の中は郷土資料館で、常設展では会津の歴史や戊辰戦争のことが分かり易く説明されています。また、干飯櫓や南走長屋等も復元され、周囲も整備されていきました。

八月二十三日（一八六八・十・八）、白虎隊士中二番隊の一部は、飯盛山で燃える城下を見ながら自刃しました。この時、城下には西軍が乱入し、各所で戦闘が行われていました。蚕養口で実弟松平定敬と別れた松平容保は、城の正面である大手門として造られた甲賀町口郭門へ退き、一時この地で戦いの指揮を執りました。ここは激戦地の一つになり、その後は家老の田中土佐が甲賀町口の指揮を執り、東隣の六日町口の防戦指揮を家老の神保内蔵助が執りました。

しかし次第に押され、西軍は北出丸に迫ってここから砲撃を加えました。城内からも銃撃で応戦して、多くを死傷させました。城下では、家老西郷頼母邸を始め、多くの藩士の家族が自刃する悲劇がありました。その一方、国境に出陣していた兵が次第に戻り、入城したため兵力が増えました。山川大蔵が地元の民俗芸能の彼岸獅子を先頭に行進して入城した話は有名です。

その後、一ヶ月程の籠城戦になりましたが、国境から多くの兵が戻り入城したため、兵力に余裕ができ、鶴ヶ城から出撃して戦うこともありました。二十九日には佐川官兵衛が指揮する隊が出撃して戦いました。これを長命寺の戦いと呼びますが、戦死した会津兵の多くの遺体には「慶応四年八月二十九日戦死」と書かれたものを身に付けていたと言われています。会津兵は百名以上の戦死者、九十名程の負傷者を出して負け戦だったと言えますが、南西方向から城への食糧などの補給路を確保することが出来ました。佐川はそのまま城外に残り、戦いを続けました。九月五日（一八六八・十・二十）には城下での戦闘中で唯一の勝利と言われる住吉神社・秀長寺周辺の戦い、八日には山本帯刀ら長岡兵が敗死した飯寺付近の戦い等が行われました。

十四日、西軍は鶴ヶ城総攻撃を決行しました。西軍の砲撃は小田山のみならず鶴ヶ城外郭の土塁上からも行われ、小田山方面のみでも一昼夜で二千五百の砲声を数えたと言われています。無数の砲弾を撃ち込まれた鶴ヶ城の古写真は有名です。この頃は、すでに奥羽越列藩同盟も崩壊していて、米沢藩も降伏していました。

その米沢藩は城外で戦っていた萱野権兵衛に降伏勧告の文書を渡し、萱野は秋月悌次郎に藩主容保へ提出するように依頼しました。そして二十二日、城の北、甲賀町通りと本一ノ丁通りが交差する西郷邸と内藤邸の間辺りで降伏式が行われました。莚の北側に幕を張り、莚の西半分に薄縁を敷いて家老の萱野らが新政府軍代表を待ちました。東半分に朱色の毛氈が敷かれ、中村半次郎ら新政府の代表が錦旗を持って並びました。半次郎らが座った毛氈が血に染まったように見えたので「泣血氈《きゅうけつせん》」と呼ばれるようになりました。そして会津藩士はその悔しさを忘れないように誓い、その時に敷かれていた「泣血氈」を小さく切って持ち帰りました。これが現在でも残っています。

榎本軍鷲ノ木上陸地

北海道茅部郡森町鷲ノ木町

ＪＲ函館本線森駅の駅舎を出て、左右に延びる道道一〇二八号線を右に進みます。二キロ程進むと、国道五号線に合流するので、その先は国道を進みます。国道を一キロ程進むと左側に浄土宗の霊鷲院があります。

この霊鷲院は、天保二年（一八三一）に霊鷲庵として建立された寺で「箱館脱走人名」などの資料があります。鷲ノ木村は、箱館戦争終結の明治二年（一八六九）五月まで、負傷者や病人達の療養地になり、死者は霊鷲院に手厚く葬られました。

国道の反対側には、鷲ノ木史跡公園があります。ここが霊鷲庵の跡地で、山本泰次郎の墓があります。十九歳だったと言われています。墓石には、戒名の「本善院殿誓譽光月義泰居士」と命日の「明治元戊辰年十一月九日」が書かれています。その横には昭和五十六年（一九八一）十月に森町教育委員会が建てた「箱館戦争鷲ノ木戦没者之碑」があります。その一段下がった所が公園になっていて、古くからあった「史跡箱館戦争榎本軍鷲ノ木上陸地跡」の石碑があります。これは昭和四十三年十月二十日に森町教育委員会が森町開基百十年記念で建てたもので、以前は海岸脇にありました。その海岸脇にはＪＲの線路を潜って進みます。海岸の手前に「旧幕軍　榎本武揚土方歳三　之鷲ノ木上陸地」の木柱があり、その横には説明板があります。ここから見る内浦湾（噴火湾）や、その先の駒ヶ岳は素晴らしいものです。

九月二十二日（一八六八・十一・六）に会津藩が降伏開城し、奥羽で「官軍」に抵抗しているのは庄内藩と盛岡藩のみになってしまいました（すでに庄内藩でも恭順に動きかけていた）。それより前の九月四日に奥羽越列藩同盟の盟主の一つである米沢藩が降伏し、もう一つの盟主である仙台藩でも十日頃から本格的に降伏・恭順へ動き始めました。

同盟の盟主である仙台藩領には、永井尚志・松平太郎・中島三郎助らを乗せて江戸を脱出した榎本武揚の旧幕府艦隊が入り、会津方面で敗れて退却してきた大鳥圭介や土方歳三・古屋佐久左衛門らの旧幕府軍や佐幕藩兵が集結してきました。中には桑名藩主であった松平定敬や元老中の板倉勝静・小笠原長行の姿もありました。

しかし、仙台藩降伏のため、この地で降伏するか、今後も戦うか選択を迫られることになりました。抗戦の受け皿になったのが榎本艦隊ということになりました。榎本は仙台藩降伏・鶴ヶ城開城などのため、奥羽での戦いを諦め、仙台から旗艦開陽丸を始めとする回天・蟠竜・神速・長鯨・大江・鳳凰の旧幕府艦隊に大鳥・土方・古屋らの旧幕府軍を乗せて十月十二日（一八六八・十一・二十五）に折ノ浜を出港して北上しました。箱根などで戦った請西藩主林忠崇や将軍侍医で後に初代軍医総監になる松本良順らは仙台で降伏することを決めました。

榎本艦隊は悪天候に悩まされ、艦隊は乱れて、十月十九日夜に回天が鷲ノ木沖に着いたものの、全艦が集結したのは二十三日でした。そして二十日朝から上陸が開始されました。兵力は、松平・大鳥・土方・古屋らが率いる二千以上とも三千とも言われる兵でした。

この時の鷲ノ木村は戸数約百五十、人口約八百で、茅部街道の要所でした。戦うことなく上陸することはできましたが、この時の鷲ノ木は積雪三十センチ、北西の強風で波も荒れて、暴風雪であったと言われています。そのため、海に転落したり、舟に挟まれたりして、十六名が事故死したと言われています。

上陸を完了した榎本軍は二十一日に人見勝太郎・本多幸七郎が遊撃隊三十余名の護衛の下に嘆願書を持って箱館に向かいました。その翌日、大鳥が伝習士官隊・伝習歩兵隊・遊撃隊・新選組・砲兵隊を率いて、人見らを追って同じ本道を、土方は額兵隊・陸軍隊を率いて川汲峠がある間道を箱館五稜郭に向かいました。二十二日の明け方前に人見達の嘆願使は、峠下で箱館府兵・松前兵の夜襲を受けました。この時、伝習士官隊差図役の山本泰次郎が負傷し、鷲ノ木の仮病院に送られましたが、後に死亡しました。榎本軍の蝦夷での最初の戦死者で、霊鷲院にある墓石の主です。この戦いが戊辰戦争最後の「箱館戦争」の始まりでした。

五稜郭

北海道函館市五稜郭町

　ＪＲ函館駅を正面に出ると、タクシー乗り場やバス停がある広場になっていて、その先に函館駅前の交差点があります。左に延びるのが大沼国道と呼ばれる国道五号線、右に延びるのが海峡通と呼ばれる国道二七九号線です。そして正面に延びるのが国道二七八号線で、これを二百メートル弱進むと、若松町の交差点があります。ここで左に折れてひたすら公園線を進むこと三キロ強で五稜郭公園に着きます。その途中の右側には千代ヶ岡台場があった千代台公園、左側には中島三郎助父子最期の地がありま す。

　五稜郭公園の手前には、五稜郭タワーがあります。昭和三十九年（一九六四）に建てられたものが平成十八年（二〇〇六）に建て直されて九十メートルの高さに展望台があるタワーになりました。迫力のある五稜郭が展望台から見られるのは言うまでもなく、展示コーナーでは五稜郭の復元模型や土方歳三の座像、さらに五稜郭の歴史を学べるスペースもあります。そして、売店・飲食店やアトリウムがあってくつろぐこともできます。また公園側の出口を出ると平成六年に建てられた「箱館戦争供養塔」があります。

五稜郭は「お城」と言っても、普通の「お城」とは違って天守閣や櫓のような高い建物はなく、石垣や土塁も低いもので、直角に曲がる堀もありません。銃撃戦・砲撃戦を前提とした「お城」です。蘭学者武田斐三郎が幕府から設計・建設を命じられ、安政四年（一八五七）に築城工事に着工し、元治元年（一八六四）にほぼ完成し、箱館山の麓にあった箱館奉行所が移転されました。

五稜郭タワーから進むと、一の橋・二の橋を通って表門があります。ほぼ反対側には、三の橋を通って裏門があります。現在は国の特別史跡の指定を受けています。昭和の終わり頃には、兵糧庫と市立函館博物館五稜郭分館がありました。兵糧庫は箱館奉行所と一緒に建てられた土蔵造りの建物で、当時を知る貴重なものです。老朽化したため、平成十四年に修復工事が行われて保存されています。また、築城者武田斐三郎の顕彰碑、二門の大砲、井戸などもあります。

昭和六十年から城内遺構の発掘調査が行われ、箱館奉行所の建物の全容が解明され、その遺構や現存する資料・文献から復元工事が進められ、平成二十二年に奉行所庁舎の正面を中心に全体の三分の一ほどが復元されました。その周辺には、当時の部屋割りを平面的に表した所もあり、所々に説明板もあり、函館の人気スポットになっています。

鷲ノ木に上陸した榎本軍は二手に分かれて南下しました。この時、五稜郭には江戸時代の箱館奉行から代わって、明治新政府に任命された清水谷公考が箱館府知事としていました。榎本武揚は蝦夷地借用の嘆願書を持たせて使者を派遣しました。箱館府は兵の夜襲を受けたものの撃破し、十月二十六日（一八六八・十二・九）朝に本道を進んだ人見勝太郎ら嘆願使と大鳥圭介隊が、夕方には間道を進んだ土方歳三隊が五稜郭に入城しました。この前日に清水谷らは外国船を雇って青森に撤退していました。

こうなると、旧幕府軍に対する蝦夷での抵抗勢力は蝦夷唯一の藩である松前藩のみで、和平による共存を提案しましたが、松前藩は抗戦の方針であったため、土方率いる彰義隊・額兵隊・陸軍隊・砲兵隊・工兵隊・守衛新選組・衝鋒隊の七百名が二十八日に攻略に向かい、知内・福島等で戦った末十一月五日（一八六八・十二・十八）に松前城を攻略しました。その後も敗走した松前兵を追って北上し、松岡四郎次郎率いる一聯隊が松前藩主松前徳広の籠る館城を落としました。十九日に徳広は青森に向かい、残された松前藩士は降伏、これによって蝦夷地は平定されました。

十二月になると、投票によって箱館政府の閣僚が決まりました。総裁榎本、副総裁松平太郎、海軍奉行荒井郁之助、陸軍奉行大鳥らが選ばれ、その後に新政府樹立の祝賀会も催されました。「選挙」によって閣僚を選んだことから、箱館政権は「蝦夷共和国」と言われることもありますが、榎本は徳川家の血縁者を迎えるつもりで、「共和国」を作ろうとしたわけではなく、蝦夷地を開拓して七十万石になった徳川家や旗本救済のためでした。

土方歳三最期の地
北海道函館市若松町

ＪＲ函館駅を正面に出て、左に延びる国道五号線大沼国道を進みます。三百メートル程進んで若松広路を右に折れ、さらに次の信号を左に折れます。道が二本あるので右側の広い道を進みます。この八幡通りを三百メートル弱進むと、左側に函館市総合福祉センターがあります。八幡通りから入ると若松緑地公園で、池やベンチがあって子供の遊び場になっています。総合福祉センターの建物の手前左側に東屋があって、その近くに「土方歳三最後之地」の石碑と「一本木関門」と書かれた木柵と入口が造られています。忠実な復元ではないと思いますが、写真を撮る場所としては良い場所でしょう。

「土方歳三最後之地」の石碑が初めて建てられたのは昭和三十三年（一九五八）のことで、近くにあった若松小学校の入口に建てられました。その後の四十五年には福祉センターの向かい側、グリーンベルト（中央分離帯）に移され、さらに現在の場所に移されました。道路の真ん中よりも公園の中の方が、落ち着きますし、安全上からも良いでしょう。ようやく、安住の地が見つかったような気がします。毎年五月の五稜郭祭では慰霊祭が行われます。また、土方ファンや観光客が多く訪れ、いつも献花が置かれ、根強い土方人気を感じることができます。

新政府軍は四月に蝦夷地に上陸しました。この時には、年が明けて明治二年になっています。戊辰戦争とは干支が「戊辰」の年だったため名付けられたもので、ここからは「己巳《きし》の戦い」という方が正確なのかもしれません。事実、函館では「己巳」の文字を見ることもあります。

明治二年四月九日（一八六九・五・二十）、新政府軍の第一陣千五百が日本海側の江差北方十二キロ程の乙部に上陸し、さらにその後も増援部隊が上陸しました。その兵は海岸沿いに進む松前口、山越えして木古内に出る木古内口、更に北の中山峠を越える二股口の三方に分かれて箱館に進軍しました。それに対して箱館政府軍側は、木古内口を陸軍奉行の大鳥圭介、二股口を陸軍奉行並の土方が指揮しました。

二股口は土方の指揮の下、衝鋒隊・伝習隊三百の兵が台場山に胸壁を築くなどして新政府軍五百の兵を待ち構えました。戦いが始まったのは十三日午後で、翌十四日午前六時頃まで十六時間に亘り激しい銃撃戦が行われ、新政府軍を退却させました。一度退却した新政府軍でしたが、兵力を補充して、再び二股口攻撃を始めました。二十三日午後頃から戦いは本格化し、二十五日未明まで続きました。この時も激しい銃撃戦になり、箱館政府軍は熱くなった銃身を川から汲んできた水で冷やして撃ち続けたという話も残っています。この時も新政府軍は、陣地を落とすことができずに撤退しました。しかし海岸沿いでは木古内が落ち、矢不来が攻められる状況になり、矢不来が落ちると二股口の兵は退路を断たれる危険があるので撤退することになりました。

戦線は次第に箱館に近づき、新政府軍は五月十一日（一八六九・六・二十）に箱館総攻撃を決めました。五稜郭北西の大川・桔梗や海岸沿いの七重浜から五稜郭や千代ヶ岡台場攻撃の兵が進みました。箱館湾では海戦が行われ、榎本軍で唯一残る蟠竜が朝陽を撃沈したものの砲弾を撃ちつくしたため乗組員は上陸して弁天台場に入りました。新政府軍は箱館山後方の寒川付近に夜明けとともに上陸して、箱館山を越えて弁天台場を奇襲する作戦も立て、弁天台場を孤立させました。

土方の最期については諸説あって、狙撃説、流れ弾説、味方による暗殺（狙撃）説などがあります。最期の地も種々ありますが、有力なのは若松町・鶴岡町・異国橋（栄国橋）の説です。土方の最期は、自分が育てた愛着のある新選組が籠る弁天台場救出のために五稜郭を出撃した途中の出来事でした。

五稜郭から弁天台場まで、約六・五キロの距離です。五稜郭から一本木関門のこの地がほぼ半分の三・二キロです。函館駅前を通り過ぎて海峡通と呼ばれる国道二七九号線を進んだ、ここから一キロ程の函館市役所辺りが昔の鶴岡町、さらに海峡通を一キロ程進んだ十字街が昔の異国橋（栄国橋）です。そこには、昔の姿を示す説明板があります。

弁天台場跡

北海道函館市弁天町

　ＪＲ函館駅を正面に進むと、函館駅前の交差点があります。ここから右に海峡通と呼ばれる国道二七九号線が延びています。路面電車に沿って、この道を一・三キロ程進むと、十字街の交差点に着きます。路面電車は、ここで左に折れるものと直進するものがあり、ここは直進して西部環状線を進みます。道は途中より国道から道道四五七号線になりますが、そのまま一・六キロ程進むと、路面電車の終点である函館どつく前停留所に着きます。

　その先のＹ字路で道道は左に折れますが、ここで右に進みます。百メートルも進まないうちに、函館どつくの門に突き当ります。その門の手前右側に「弁天台場跡」の金属製の標柱があります。元々、木製でしたが腐食もあって金属製に建て替えられました。しかし、この標柱以外に台場跡を知るものはありません。弁天台場は、この敷地内の場所にありました。

江戸時代末期、西洋列強の圧力が増したため、幕府は蝦夷地を直轄にし、五稜郭を築城して箱館奉行所を置きました。そして外国船来襲に備えて、設計・監督を五稜郭と同じ武田斐三郎に命じて弁天台場を築きました。周囲は約六百八十四メートル、面積約三万二千三百四十平方メートルの不等辺六角形の台場で、南東端にアーチ型のトンネル式通路の出入口がありました。元治元年（一八六四）に完成しましたが、幕府崩壊の直前で、実際に使われたのは箱館戦争の時のみでした。明治になると、台場は陸軍省の所轄になり、函館砲隊が守備しました。

Y字路で左の道道を進みます。道道は途中で左に折れますが、そのまま進むと四百メートル程で堤防に突き当たります。ここが函館漁港で、堤防の手前に函館港改良工事記念碑があります。この漁港の、波浪が港内に入るのを防いでいる船入澗防波堤に使われている石は、解体された弁天台場の石垣に使われていた石です。

また、電停のすぐ横にある入舟児童公園には、平成二十二年（二〇一〇）に函館史跡顕彰会が建てた「新選組最後の地」の石碑があります。箱館戦争の時には、新選組がこの台場を守っていましたが、明治二年（一八六九）五月に降伏・開城しました。そのことから、この地を新選組最後の地としたものです。

四月に乙部に上陸した新政府軍は一ヶ月程掛かって箱館に迫りました。そして五月十一日（一八六九・六・二十）を箱館総攻撃の日と定めました。この頃になると箱館政府軍の実質的な拠点は五稜郭の本営と千代ヶ岡台場、そしてこの弁天台場の三ヶ所になっていました。その弁天台場はそれ以前に新政府軍側の間者によって大砲を使用不能にされてしまいました。そのため、新政府艦隊は箱館港への侵入が容易でした。十一日の箱館湾では、一艦残った箱館政府軍の蟠竜が奮戦し、朝陽を撃沈しました。しかし、一艦のみではどうにもならず、砲弾を撃ち尽くした後に座礁させて、艦将松岡磐吉をはじめとする乗組員は弁天台場に入りました。

一方、陸では未明に新政府軍が箱館山の裏側に上陸して山頂を目指し、箱館山を占領しました。箱館奉行であった永井尚志らは弁天台場に入りました。弁天台場は、新政府軍が占領する箱館の中に孤立する状態になりました。これを救出すべく五稜郭から出撃したのが土方歳三率いる一軍でしたが、土方は途中で討ち死にしてしまいました。最期の地は若松町・鶴岡町・異国橋（栄国橋）の三ヶ所が有力ですが、どれも五稜郭から弁天台場に向かう途中です。少しでも新選組が籠る弁天台場の近くまで進んで、討ち死にして欲しかったと思います。

十一日以降も弁天台場は籠城を続けたため、新政府軍は砲撃を続けました。艦砲を箱館山に運び上げて、山上からも砲撃しました。しかし、弁天台場の守りは固く、落とすことはできませんでした。

十三日になると、新政府軍は箱館病院の高松凌雲らに和議の周旋を依頼しました。弁天台場は五稜郭と相談してということになりましたが、十五日に降伏しました。蟠竜の乗組員、箱館奉行兵らが弁天台場に避難・入城したため二百四十名程が籠城していて、食料や水が不足していました。

中島三郎助父子最期の地
北海道函館市中島町

　ＪＲ函館駅を正面に出ると、広場の先に函館駅前の交差点があります。その先に延びるのが国道二七八号線で、これを進みます。二百メートル弱進むと、若松町の交差点があるので、ここで左に折れて公園線を進みます。二キロ程進むと、教育大通（陣屋通り）との梁川町一の五叉路があります。交差点の左側に「中島三郎助父子最後之地」の標柱があります。この交差点を左に進むと、中央分離帯に石碑と説明板があります。五稜郭祭では、土方歳三最期の地同様に碑前祭が行われます。そして、中島父子の戦死を悼んで、この付近に「中島町」の町名が付けられました。

　中島三郎助は、浦賀奉行所の与力で、ペリーが浦賀に来航した時には、副奉行と称して旗艦サスケハナ号に乗り込んで交渉に当たりました。研究熱心で、アメリカの蒸気船を隅から隅まで調査したことから、密偵のようだとアメリカ人の記録にあります。さらに日本初の洋式軍艦である鳳凰丸を建造したり、長崎海軍伝習所の一期生として造船学・機関学・航海術等を学んだりしました。さらに幕府の命で浦賀にドックを建造し、咸臨丸の修理も行いました。このドックは平成十五年（二〇〇三）まで続く浦賀ドックの始まりでした。戊辰戦争が始まると榎本と共に江戸を脱走して蝦夷地にまで来ました。「幕末」の始まりであるペリー来航から、その終わりである箱館戦争まで関わりを持ちました。

交差点から反対の右に教育大通（陣屋通り）を進むと、陸上競技場や野球場のある千代台公園があります。ここが通りの名前にもなっていますが、千代ヶ岡台場（陣屋）のあった場所です。道路脇には陣屋跡を示す説明板があります。

千代ヶ岡台場は、蝦夷地出兵が命じられた仙台藩が文化年間（一八〇四〜一八）に陣屋を築いたことに始まります。その後の安政年間（一八五四〜六〇）に津軽藩が陣屋としていたことから津軽陣屋とも呼ばれました。周囲に濠と土塁を巡らしていて、東西約百三十メートル、南北約百四十五メートル、土塁の高さ約三・六メートル、濠幅約十二メートルの規模でしたが、これは津軽陣屋の時代で、箱館戦争の時には、多少の手は加えられていたと思われます。

五月十一日（一八六九・六・二十）の箱館総攻撃で榎本艦隊は全滅、陸軍奉行並の土方歳三が戦死し、箱館の町が占領されました。さらに十五日には弁天台場が降伏し、残るのは五稜郭と千代ヶ岡台場のみになりました。大鳥圭介は中島に五稜郭への入城を勧めましたが中島は千代ヶ岡台場死守の方針を変えず、新政府軍からの降伏勧告も拒絶し、抗戦の構えを崩しませんでした。小彰義隊・陸軍隊・会津遊撃隊などが守っていましたが、多くが脱走して、台場を守るのは浦賀奉行所時代の部下が中心でした。

新政府軍は本道（箱館口）から肥後一中隊・津一中隊・薩摩半隊・長州砲隊、中央（桔梗野口）から津軽一中隊・久留米一小隊・長州一小隊・松前臼砲隊・福山臼砲隊、浜手（七重浜口）から松前一中隊・徳山一小隊・長州一小隊・備前臼砲隊・備前砲護隊、予備部隊として長州一小隊・徳山一小隊が進軍し、十六日午前三時頃から総攻撃を開始しました。それに対し台場の守備は四十名程だったため一時間程で陥落してしまいました。中島は大量の火薬を詰めた大砲に跨って引き付けた敵兵と共に自爆するつもりでいたと言われていますが、雨のため点火できずに失敗しました。仕方がなく、最後は白兵戦を決行して、長男恒太郎、次男英次郎を始め、配下の元浦賀奉行所同心柴田伸助らと共に戦死しました。「義」に殉じた者として、土方歳三の人気は以前から根強くありますが、中島も同様に人気がもう少しあっても良いと思います（最近、話題になってきているようです）。辞世の句として、

ほととぎす　われも血を吐く　思い哉

を残しています。

千代ヶ岡台場陥落により、残るは五稜郭の本営のみになり、その五稜郭も降伏勧告を受け入れて降伏・開城しました。慶応四年一月三日（一八六八・一・二十七）に始まった戊辰戦争は一年四ヶ月程後の明治二年五月十八日に終わりました。

興禅寺

東京都港区白金

ＪＲ恵比寿駅を東口に出て、ロータリーの先の都道三〇五号線を進みます。一・四キロ程進むと、左側に北里研究所病院を始めとする建物があり、その前を右に入る蜀江坂があります。ここで右に折れて、この蜀江坂を進むと、聖心女子学院横を通って、都道から三百メートル程で坂を登りきって突き当たります。二本に道は分かれるので、ここで右に進むとすぐ左側に寺があります。

大雄山興禅寺で、左に折れて寺に沿って進むと入口があります。現在は細い道が縦横に走る住宅街の中に、ポツンと立つ寺ですが、由緒のある寺です。米沢藩主上杉景勝の子で直江兼続・お船夫婦に養育された二代藩主定勝、その娘で加賀大聖寺初代藩主前田利治の正室であった長松院松嶺隠之尼禅師の開基によって延宝二年（一六七四）に創建された臨済宗妙法寺派の寺です。

奥に進むと墓地があります。墓地に入ってすぐ左手に「萱野長修之墓」が立っています。曲がり口に「会津藩萱野國老墓所入口」の石碑が建っていますが、一文字違っています。萱野権兵衛長修の墓碑の脇には「萱野國老敬仰碑」があります。会津会によって建てられたもので、建てられた昭和四十三年（一九六八）五月十八日は「百回の忌辰」です。

その隣に「神保長輝墓」があります。会津藩内で将来を嘱望されて軍事奉行添役であった神保修理長輝の墓です。萱野が会津戦争の戦犯なら、神保は鳥羽伏見の戦いの最中、藩主松平容保を敵前逃亡させた責任者として、藩内から責められて切腹した人で、スケープゴートにされた気がします。会津藩にとって、戊辰戦争の最初と最後の責任者の墓が並んで立っていることになります。

萱野と神保の墓を探すために興禅寺を訪れましたが、他にも会津藩士の墓がありました。二人の墓のそばに「黒河内松齋墓」があります。顕彰碑によれば、会津藩長沼流軍学者黒河内家の中興の祖で、黒河内家には、会津籠城戦初日に戦死した松斎の嫡男式部、西郷寧太郎に嫁ぎ同日自刃した西郷やほ子などがいました。

元々、上杉家所縁の寺で、墓地の中央辺りに大きな墓碑が二基あります。向かって右側が「従三位上杉齊憲卿之墓」で裏には「明治二十二年五月廿日薨」とあります。左側は「憲德院殿權大僧都法印敬心」で裏には「大正八年四月十八日薨」とあります。

これは、米沢藩主である上杉斉憲と茂憲の墓碑です。さらに藩主一族の墓もあります。斉憲は、もちろん奥羽越列藩同盟の盟主になった米沢藩主です。米沢藩士青柳篤四郎（徳四郎）の墓もあります。「青柳家之墓」の墓誌には明治元年（実際は改元前で、慶応四年）七月二十五日（一八六八・九・十一）に越後蒲原郡押切村で戦死したことが記されています。この他にも、墓地探すと会津・米沢の藩士や家族、その子孫の墓などが見つかるでしょう。

会津藩に続いて庄内藩・盛岡藩が降伏して奥羽での戦いは終わり、最終段階である蝦夷での戦いになりました。その一方で、奥羽での戦争の責任者の処罰が行われました。田中土佐・神保内蔵助・萱野権兵衛（会津藩）、石原倉右衛門（庄内藩）、色部長門（米沢藩）、但木土佐・坂英力（仙台藩）、河井継之助・山本帯刀（長岡藩）、丹羽一学・丹羽新十郎（二本松藩）、楢山佐渡（盛岡藩）、水野三郎右衛門（山形藩）、鳥居三十郎（村上藩）、堀右衛門三郎・斉藤久七（村松藩）らが首謀者として死罪、家名断絶になりました。しかし実際には半数が戊辰戦争中戦死していました。ちなみに廃絶していた長岡藩の山本家の再興が許されて養子に入ったのが、太平洋戦争時に連合艦隊司令長官であった山本五十六です。

会津藩では、藩主容保は幽閉、重臣上位三名の死罪と決まりました。西郷頼母は行方不明、田中・神保は城下に於いて戦死していたため、会津藩の戦争責任は四番目の萱野が一身に引き受けることになりました。一刀流溝口派の相伝者として、奥義が絶えるのを惜しんだため、処刑を前に手元にあった火箸で井深宅右衛門に伝授したと言われています。そして、容保から親書を、容保の義姉照姫から親書と和歌を贈られました。明治二年五月十八日（一八六九・六・二十七）、飯野藩保科家の下屋敷で自刃しました。

森陳明の墓

三重県桑名市伝馬町

ＪＲと近鉄が乗り入れる桑名駅で降りてＪＲ側の東口に出ます。バスやタクシーの乗り場があるロータリーの先を右に進み、バスターミナル前辺りの信号を左に折れて八百五十メートル程進みます。京橋で小さい川を渡り、市役所跡の京町公園の前を通り、県道六一三号線と交差する京町の交差点にでます。江戸時代の東海道は前方から来て、交差点の一本手前を右に折れて進みます。京町交差点の一本手前を右に折れて、ここからは旧東海道を進みます。多少折れながら南に進みますが、曲がり角には東海道を示す案内があるので、迷うことなく旧東海道を進むことができます。八百五十メートル程進むと、右側に十念寺があります。

浄土宗の仏光山九品院十念寺は、天智天皇の勅願寺として行基によって創建されたと言われています。宗派も途中から浄土宗になり、場所も転々と移動し、最終的にこの地に七堂伽藍が完成したのは寛永十七年（一六四〇）でした。寛文年間（一六六一

〜七三）には桑名藩主松平定重夫人より書院一棟の寄進があり、塔頭三院と共に、北勢地方中本山と言われました。しかし、昭和二十年（一九四五）七月に戦災によって焼失してしまいました。七福神を祀っていて、地元では桑名七福神と呼ばれ、毎年十一月には七福神が市内を練り歩く十念寺七福神まつりが行われます。

山門の前には昭和八年に仰忠会が建てた「桑名義士森陳明翁墓所」の石碑があります。山門を潜ると、正面に本堂があり、左側に墓地が広がっています。昭和四十一年十一月に桑名市指定史跡になった森陳明の墓は西墓所と言われる所にあります。本堂の左側の墓地を奥に進むと突き当たります。扉を出て、道を渡った所にもう一つ墓地があり、その最も手前に森家の墓はあります。

墓碑には正面に「森陳明之墓」とありますが、これは桑名藩主松平定敬の書によるものです。他の三面には墓銘がびっしりと書かれています。墓碑を建てた若槻陳義は陳明の長男で、森姓を避けて若槻姓となりました。また、桑名城跡である九華公園には陳明を讃えるために明治二十三年（一八九〇）に建てられた「精忠苦節」の碑があります。

陳明は文政九年（一八二六）に、桑名藩士小河内殷秋の長男として生まれ、伯父の森家に養子で入りました。横目・大目付等を歴任し、将来を期待されました。元治元年（一八六四）に定敬が京都所司代になると、陳明は公用人に選ばれました。公用人は、藩の外交官のようなもので、他藩との交渉や意見交換をし、藩の方針に大きく関わる役職で、桑名藩の内外で活躍しました。鳥羽伏見の戦いで敗れると江戸に下り、定敬は船で飛び地である柏崎に向かいました。藩士は、定敬と共に船で柏崎を目指す者と、旧幕府軍と共に陸路を江戸から北上する者がいました。しかし、陳明らは残務処理もあって江戸に残り、五十人程が彰義隊に参加しました。その彰義隊が敗れると陳明らは脱出して仙台に向かい、ここで定敬と再会しました。定敬は榎本艦隊で蝦夷に渡ることになりましたが、藩主の同行は人数が限られていたため、陳明は新選組に加入して蝦夷に渡りました。そして新選組頭取改役として蝦夷で戦い、最後は弁天台場で降伏しました。京都の公用人時代、当然新選組を知っていたでしょうが、自分が新選組の隊長になるなど想像もしなかったでしょう。

　奥羽での戦いが終わると、奥羽諸藩の「官軍」に対する抗戦責任者の処罰が始まりました。責任者の何人かはすでに戦死していたため（戦死していたから責任者にしたとも言えるが）、会津藩萱野権兵衛、仙台藩但木土佐・坂英力、盛岡藩楢山佐渡らでした。しかし、戊辰戦争の責任者は奥羽諸藩のみではなく、明治新政府は桑名藩にも戦争責任者を出すように命じました。それに対して陳明が自ら名乗り出て、桑名藩の責めを全て負うことによって桑名藩や元藩主である定敬の身を守ることになりました。箱館で降伏後、投獄され、その後に桑名藩に預けられました。そして、東京深川の桑名藩邸で明治二年十一月十三日（一八六九・十二・十五）に自刃しました。享年四十四。辞世は、

うれしさよ　盡すこゝろの　あらはれて
君にかはれる　死出の旅立

あとがき

戊辰戦争は慶応四年一月三日（一八六八・一・二十七）に始まり、明治二年五月十八日（一八六九・六・二十七）に終わった内乱でした。しかし、その目的には一貫性が無いようです。戊辰戦争を三つの時期に分けることができると思います。第一期が鳥羽伏見の戦いから江戸城開城まで、第二期が会津・庄内・盛岡藩の降伏まで、第三期がそれ以後の五稜郭開城までです。

元々、西郷隆盛・大久保利通ら一部の薩摩藩士が武力討幕を必要と考え、江戸で挑発行為を行ったことから始まった戦いでした。目的は純粋に「討幕」であったのでしょう。もしも徳川慶喜が大坂城で籠城していたら、京・大坂のみの戦いで、江戸城を開城して終結していたかもしれません。史実通り、江戸に戻っても江戸城開城で、「討幕」の目的は達したわけです。

江戸城開城をもって戊辰戦争が終わっていれば、戦いの目的が明確ですが、戦いはそのまま続き第二期に入っていきました。これが討幕派の「私怨」ではないかと言われる所以でしょう。西郷と勝海舟によって、戦闘に訴えることなく江戸城が明け渡されたため、消化不良状態になってしまったのではないのでしょうか。そこでスケープゴートにされ、討伐の対象になったのが、京都で「悪事」を行った会津藩や桑名藩（桑名藩は藩としては降伏しているが）であり、江戸で「悪事」を働いた庄内藩であり、無理に奥羽での戦いが始められました。

一方、奥羽諸藩では戦いをする気などなく、困った末に奥羽諸藩が一つに纏まって、新政府に対し会津藩の救済を求め、その一方で会津藩に恭順を説きました。しかし、思うように進まず、奥羽全土で戦うことになりました。元々、奥羽越列藩同盟は避戦同盟としてスタートしていたので、戦いが起こると軍事同盟としては種々の問題が起き、次第に弱体化していきました。土方歳三が仙台で総督就任の要請があった時、生殺与奪の権を与えるように主張すると、藩士の生殺与奪権は藩主にあると拒否されたという逸話があります。これが同盟の限界で、藩が中心であって、列藩同盟は二の次でした。自藩の都合で戦い、共同戦線から撤退もありました。藩兵であって、同盟軍ではありませんでした。藩の存在が最も重要なことで、藩の存続が危険になると降伏もやむなしとなってしまいました。

第三期になると、戦うことが目的になっているように思います。土方が「幕府が倒れようとしている時、誰一人死ぬ者がいないのは恥ずかしい」というようなことを言ったとか、中島三郎助は「主家報恩の為」に出陣したと言います。土方や中島のように考える者がいた一方で、榎本武揚らは蝦夷地の開拓を考えていました。榎本は戦いの最中である明治二年一月に澤太郎左衛門を開拓奉行として室蘭に派遣しました。これは明治時代になって起こる屯田兵制の走りとも言えます。箱館政府に参加した人たちは、徳川家の為ということでは一致していたのでしょうが、その方法については統一されておらず、各自それぞれの考えがあったようです。

戊辰戦争を通して一貫した目的がないためか、軍に一貫した名を付けづらく、バラバラの名前になりました。官軍・賊軍というわけにもいかず、奥羽や箱館での戦いに旧幕府軍というのも変だと思い、現地であったり参考文献に出てきたりする軍名にしました。そのため、旧幕府軍、奥羽越列藩同盟軍、箱館政府軍などの名にしました。無理に統一するならば、東軍・西軍になるのでしょうが、これも何かピンと来ないのでやめました。その点、西軍は新政府軍で統一できます。藩の縛りを受けている奥羽諸藩と違い、中央集権的な統一国家の走りとも言えます。「官軍」の名の下に出兵を強要された藩兵とも言えますが、草創期の明治国家に参加したと言えるでしょう。事実、二年程すると廃藩置県で藩がなくなり、近代の統一国家となっていきました。

と、それらしいことを言っても、この本は研究書でも歴史書でもありません。単なる史跡巡りのガイドです。原稿の資料にしたものは、現地にある説明板や、駅前の観光案内所で普通に手に入る観光ガイドなどのパンフレットです。そして巡った場所も普通に行ける所で、特別な人が特別な状況でしか行けない場所は一ヶ所もありません。しかも、駅から比較的行きやすい場所を選びました。二十年程前に『紀行 奥羽戦争』というものを出版させていただきましたが、この時は戊辰戦争で東北地方と新潟県に限って五十ヶ所を選びました。できれば、今回は前回に書かなかった場所を五十ヶ所選びたいと思っていましたが、戦いの流れの中で、どうしても外せない場所があったりして、再登場させた場所も何ヶ所かありました。前回の出版の時にはすでに行っていた場所、この二十年のうちに初めて訪れた場所も加えて、今回の五十ヶ所にしました。

歴史の教科書で「戊辰戦争」という言葉は出てきます。そして簡単な説明もあるでしょうが、極々簡単な説明で、関心を持つようなものではありません。一ヶ所でも現場へ行くことによって、関心を持つこともあるでしょうし、発見もあるでしょう。どうか時間とお金が許す限り、史跡巡りをしてください。この本が、その時に少しでも参考になり、手助けになれば幸いです。

戊辰戦争は教科書にも出てくる有名な出来事です。戦争（内乱）で、悲惨な大量殺人事件とも言えますが、それが百五十年以上たった現在でも人気があるのは、そこに懸命に関わり生きた多くの人々がいたためでしょう。それら人々の活躍や犠牲があって、今日があるわけで、それらの人々に感謝したいと思います。

参考文献

『全国歴史散歩シリーズ』山川出版社
『国史大辞典』国史大辞典編集委員会（編）吉川弘文館
『日本城郭大系』児玉幸多・坪井清足（監）新人物往来社
『江戸幕府役職集成』笹間良彦　雄山閣出版
『幕末維新三百藩総覧』神谷次郎・祖田浩一　新人物往来社
『幕末維新戊辰戦争事典』太田俊穂（監）新人物往来社
『幕末維新全殉難者名鑑』明田鉄男（編）新人物往来社
『幕末維新人名事典』奈良本辰也（監）學藝書林
『明治維新人名辞典』日本歴史学会（編）吉川弘文館
『戊辰役戦史』大山柏　時事通信社
『東北戦争』山田野理夫　教育社
『戊辰戦争』佐々木克　中央公論社
『戊辰戦争全史』菊地明・伊東成郎　戎光祥出版

『戊辰戦争』平尾道雄　新人物往来社
『奥羽越列藩同盟』星亮一　中央公論新社
『戊辰戦争とうほく紀行』加藤貞仁　無明舎出版
『鳥羽伏見の戦い』野口武彦　中央公論新社
『戊辰戦争・鳥羽伏見之戦跡をあるく』服部善彦　暁印書館
『会津戦争のすべて』会津史談会（編）　新人物往来社
『松平容保のすべて』綱淵謙錠（編）　新人物往来社
『史実会津白虎隊』早川喜代次　新人物往来社
『物語会津戦争悲話』宮崎十三八ほか　新人物往来社
『会津戦争の群像』前田宣裕　歴史春秋社
『世良修蔵』谷林博　新人物往来社
『白石城物語』読売新聞関東北総局（編）（財）白石市文化体育振興財団
『桑名藩戊辰戦記』郡義武　新人物往来社
『戊辰の挽歌』鈴木芳雄　新日本法規出版
『戊辰東北戦争』坂本守正　新人物往来社
『河井継之助のすべて』安藤英男（編）　新人物往来社

『長岡城燃ゆ』稲川明雄　恒文社
『維新の墓標』渡辺れい　新潟日報事業社
『武士道』紺野庫治　歴史春秋社
『新選組のすべて』新人物往来社（編）新人物往来社
『箱館戦争のすべて』須藤隆仙（編）新人物往来社
『紀行　奥羽戦争』柳敏之　文芸社

著者プロフィール

柳 敏之（やなぎ としゆき）

昭和35年7月26日生まれ。

地元の私立愛知学院大学文学部歴史学科入学。在学中に新選組のサークル“零番隊”に参加。教員免許中学1級社会・高校2級社会・博物館学芸員の資格取得。

国内各地の史跡巡りを実施。

函館・東北史跡巡りは43年継続中。

著書に『紀行 奥羽戦争』（2000年、文芸社）がある。

戊辰戦争をめぐる

2022年 6 月 8 日　初版第 1 刷発行

著　者　柳 敏之

発行者　瓜谷 綱延

発行所　株式会社文芸社

〒160-0022　東京都新宿区新宿1－10－1

電話　03-5369-3060（代表）

03-5369-2299（販売）

印刷所　株式会社暁印刷

ISBN978-4-286-23721-3